Bauch & Rücken

Fitness

Bauch & Rücken

Fitness

Das optimale Core-Training

DORLING KINDERSLEY

Dorling Kindersley
London, New York, Melbourne, München und Delhi

Für die deutsche Ausgabe:
Programmleitung Monika Schlitzer
Projektbetreuung Kerstin Uhl
Herstellungsleitung Dorothee Whittaker
Covergestaltung Petra Schneider

Bibliografische Information Der Deutschen Bibliothek
Die Deutsche Bibliothek verzeichnet diese Publikation in der Deutschen Nationalbibliografie; detaillierte bibliografische Daten sind im Internet über http://dnb.ddb.de abrufbar.

Titel der englischen Originalausgabe:
Total Core Fitness

Entwickelt und produziert von
Elwin Street Limited
3rd Floor, 144 Liverpool Road
London N1 1LA
www.elwinstreet.com

Gestaltung Louise Leffler
Fotos Mike Prior
Modelle Amy Corey, Kathy Corey, Paul Williams

Die Bekleidung und Ausrüstung wurde von Sweaty Betty, Bloch, Fitness Network und Kathy Corey zur Verfügung gestellt.

Übersetzung Stefanie Schaeffler
Redaktion Dr. Christa Söhl
Satz Maren Gehrmann

ISBN 978-3-8310-0995-4

Printed and bound in Singapore

Besuchen Sie uns im Internet
www.dk.com

Hinweis
Die Informationen und Ratschläge in diesem Buch sind von den Autoren und vom Verlag sorgfältig erwogen und geprüft, dennoch kann eine Garantie nicht übernommen werden. Eine Haftung der Autoren bzw. des Verlags und seiner Beauftragten für Personen-, Sach- und Vermögensschäden ist ausgeschlossen.

Inhalt

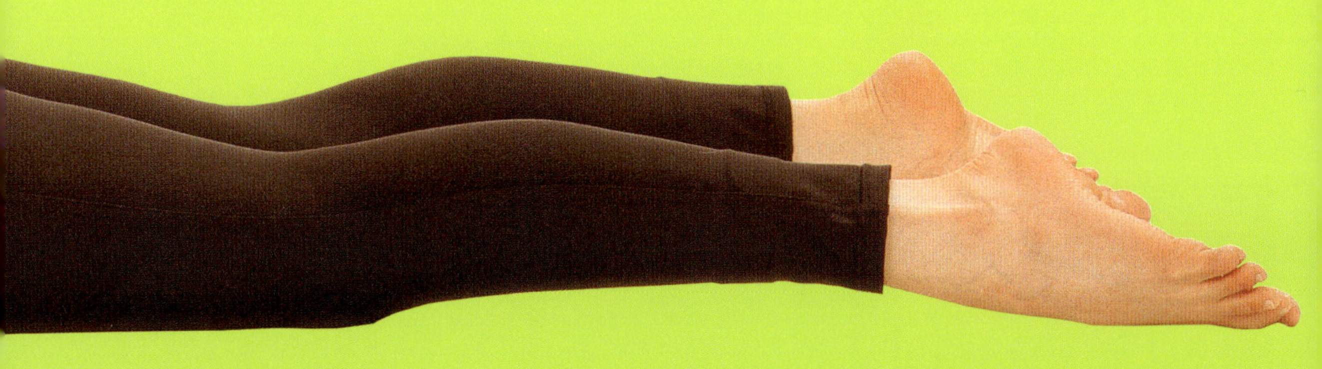

SIE WOLLEN IHRE LEBENSQUALITÄT STEIGERN? GESUNDHEIT, WOHLBEFINDEN, KRAFT UND BEWEGLICHKEIT LIEGEN IN GREIFBARER NÄHE.

Einführung

Wollen auch Sie sich morgens beim Aufwachen fitter fühlen als abends beim Zu-Bett-Gehen? Wie das geht, zeigt dieses Buch. Im Gegensatz zu anderen Fitnessprogrammen vermittelt es Ihnen, wie Ihr Körper effektiver arbeiten kann. Es geht also nicht in erster Linie um Übungen, Wiederholungen oder Muskelaufbau, und das Ziel liegt nicht darin, die Anzahl der Übungssätze, Wiederholungen oder Gewichte zu erhöhen. Ziel dieses Programms ist vielmehr, Ihre Lebensqualität zu steigern, weil ein fitter Körper effektiver und flüssiger arbeitet und tägliche Anforderungen leichter bewältigt. Gesundheit, Wohlbefinden, Kraft und Beweglichkeit liegen auch für Sie in greifbarer Nähe.

Die Erfolge eines Fitnessprogramms sind vom Programm selbst abhängig und davon, wie häufig und intensiv Sie trainieren. Das bedeutet, dass sowohl Quantität als auch Qualität das Ergebnis beeinflussen. In der Fitnesswelt herrschten lange die Devisen »Je mehr, desto besser« und »Ohne Schweiß kein Preis« vor, die in direktem Gegensatz zu neuesten Untersuchungen auf dem Gebiet der Physiologie und Sportmedizin stehen. Statt pro Woche drei intensive Workouts mit Ruhetagen dazwischen zu absolvieren, wird heute empfohlen, an den meisten, wenn

Kathy Corey,
Pilateslehrerin

nicht sogar allen Wochentagen ein gemäßigtes Training durchzuführen. Schließlich arbeiten Sie ja auch nicht nur an drei Wochentagen und bleiben die restlichen Tage im Bett oder essen nur jeden zweiten Tag etwas. Das Leben ist eine immerwährende Abfolge aus geistiger und physischer Aktivität, Ruhe und neuerlicher Aktivität.

Die Übungsprogramme in diesem Buch wurden entworfen, um Ihre Fitness im Alltag zu erhöhen. Ein erhöhter Fitnessgrad macht unsere körperliche Aktivität und unser Leben leichter und vergnüglicher.

Aber natürlich müssen Sie selbst auch dazu beitragen: Wie Sie mit Ihrem Körper in der übungsfreien Zeit umgehen, ist für Ihre allgemeine Beweglichkeit, Kraft und Fitness noch entscheidender als die Stunden, in denen Sie trainieren. Wie Sie stehen, gehen, schlafen und atmen, hat einen größeren Einfluss auf Ihr körperliches Wohlbefinden als jedes Übungsprogramm.

In diesem Buch geht es um viel mehr als nur um Training. Es zeigt Ihnen, wie Sie ganz bewusst wählen können, ein gesundes Leben zu führen, mit einem ganzheitlichen Ansatz und der Verantwortung für die eigene Gesundheit. Mithilfe dieses Programms werden Sie Kontrolle über die Muskeln Ihrer Körpermitte erlangen und sich einen natürlichen Rhythmus aneignen, der auf alle geistigen und unterbewussten Aktivitäten übergreift. In diesem Prozess werden aus dem Lot geratene Bewegungsmuster durch gesunde Muster ersetzt. Wir haben hier also ein Rund-um-die-Uhr-Fitness-Programm, das Bewegung ins Leben bringt.

Ich habe in meinem Programm eine Reihe bewährter Methoden kombiniert. So wie unsere täglichen Tätigkeiten zusammenspielen, ergänzen auch sie sich gegenseitig. Die allzu häufige Wiederholung von Tätigkeiten führt zu geistiger und körperlicher Erschöpfung. Das Leben im Informationszeitalter bietet uns die Möglichkeit, die Verbindung von Körper und Geist besser zu verstehen und zu erfahren als je zuvor. Dieses Buch greift auf östliche und westliche Ansätze zurück und kombiniert sie mit neuesten Studien. So entsteht ein Programm, das Ihrem Körper Energie und Ausgeglichenheit schenkt, und zugleich Haltung, Körpersymmetrie, Atmung, Kreislauf, Kraft und Beweglichkeit verbessert.

Um die Bewegungen zu simulieren, die Sie bei Ihren täglichen Aktivitäten ausführen, sind viele verschiedene Techniken notwendig. Die besten Bewegungen aus dem Pilates, der Arbeit mit dem Fitnessball, dem Yoga und Gewichtstraining wurden hier zusammengestellt und in eine bestimmte Reihenfolge gebracht, um für die zusammenspielenden Muskelgruppen maximale Effektivität zu erreichen. So als hätten Sie Ihren persönlichen Trainer zu Hause, gestattet dieser Übungsplan jedem Einzelnen, je nach persönlichem Fitnessgrad mit maximaler Belastung zu trainieren. Wenn Sie zum ersten Mal überhaupt trainieren, werden Sie gleich von Anfang an die Muskeln der Körpermitte einsetzen und so großartige Ergebnisse erzielen. Als geübte Sportler trainieren Sie fortan präziser und müssen sich weniger anstrengen, um ein optimales Ergebnis zu erzielen.

Konzentration und behutsame Bewegung machen dieses Programm zur Übung für Körper und Geist. Es entsteht eine Kraftmitte, von der alle Bewegungen ausgehen. Die Arbeit aus der Körpermitte macht Ihren Körper und Geist, ja Ihr ganzes Leben, zentrierter und ausgewogener. Eine symmetrische Körperausrichtung, Kontrolle und Konzentration sind der Schlüssel zum Erfolg und unabdingbar für Ihr Training. Schenken Sie den Bewegungsabläufen ungeteilte Aufmerksamkeit – nur so werden Sie rasch tief greifende Ergebnisse erzielen.

Die durchschnittliche Lebenserwartung in den meisten westlichen Nationen liegt bei fast 80 Jahren. Aber die Qualität des Lebens reicht noch nicht an die Quantität der Jahre heran. Um das Leben genießen zu können, brauchen wir einen gesunden Körper.

Der ideale Körper ist einer, der sich mit Geschmeidigkeit, Grazie und einer Mischung aus Kraft und Balance bewegt. Wenn Sie sich auf Ihre Körpermitte konzentrieren, wird dieser ideale Körper bald Ihnen gehören.

WIE SIE MIT IHREM KÖRPER IN DER ÜBUNGSFREIEN ZEIT UMGEHEN, IST FÜR IHRE ALLGEMEINE BEWEGLICHKEIT, KRAFT UND FITNESS NOCH ENTSCHEIDENDER ALS DIE STUNDEN DES TRAININGS.

Was ist Fitness aus der Körpermitte?

Ihre Körpermitte hält Sie aufrecht und wird beansprucht, wann immer Sie sich bewegen, dehnen, drehen oder gehen. Sie ist Ihr Kraftzentrum, aber auch die Quelle für Krankheit und Schmerz, wenn Sie sie nicht angemessen behandeln.

Warum müssen Sie die Körpermitte trainieren?

Die Körpermitte ist Ihr Kraftzentrum. Es umfasst die Rumpfmuskulatur an Rücken, Seiten und Bauch. Wo immer Sie Schmerzen spüren, ihre Ursache liegt meist in der Körpermitte. Wenn wir diese Schmerzen beseitigen wollen, müssen wir deswegen auch dort ansetzen. Die Knochen und Muskeln von Steißbein und Becken bis hinauf zu Schultern und Nacken bestimmen, ob Ihre Bewegungen ausgewogen sind.

Stellen Sie sich Ihren Körper als Maschine vor. Damit sie gleichmäßig läuft, müssen alle Teile harmonisch zusammenarbeiten. Jede Maschine braucht aber auch Wartung und Pflege. Wenn Sie Ihren Körper nicht gut pflegen, wird das zu Verspannungen oder Verletzungen führen. Da eine aufrechte und symmetrische Körperhaltung für optimale Beweglichkeit unabdingbar ist, wird Ihr Körper insgesamt leistungsfähiger, wenn Sie Ihre Körperhaltung korrigieren.

Wie Sie etwas heben und tragen – Bücher, Ihr Baby, die Aktentasche – hängt von Bewegungsgewohnheiten ab. Sie sind bei jedem Menschen so individuell wie seine Fingerabdrücke. Sie heben etwas vielleicht mit dem Bizeps vorne am Oberarm hoch, während ich es mit dem oberen Teil des Trapezmuskels über der Schulter hebe. Häufig wiederholte Bewegungen verändern die Funktion Ihres Körpers – und auch Ihr Aussehen. Ob man einen Golf- oder Tennisschläger schwingt: Bei falscher Körperhaltung entstehen Muskelverspannungen und Gelenkschäden.

Die Übungen in diesem Buch trainieren den Körper von innen nach außen. Vordergründig geht es um Bewegungsquantität, in Wirklichkeit aber um Lebensqualität.

WIE SIND IHRE BEWEGUNGSMUSTER? HÄUFIG WIEDERHOLTE BEWEGUNGEN VERÄNDERN DIE FUNKTION IHRES KÖRPERS – UND IHR AUSSEHEN.

Was gehört zur Körpermitte?

Mit Kenntnissen der Anatomie erlernen Sie eine neue Sprache für Ihren Körper. Hier werden die wichtigsten Muskelgruppen beschrieben, damit sie optimalen Nutzen aus den Übungen ziehen können.

Halswirbelsäule: *Die ersten sieben Wirbel im Nacken und zugleich der beweglichste Teil der Wirbelsäule.*

Schultergürtel: *Die Muskeln um die Schultergelenke herum.*

Kapuzenmuskel: *Langer Muskel in Dreiecksform, der von Nacken und Schultern zum unteren Ende der Brustwirbelsäule läuft.*

Rautenmuskeln: *Die Rücken-muskeln entlang der Wirbelsäule, mit denen die Schulterblätter bewegt werden.*

Schulterblätter (Scapulae)

Dreiköpfiger Oberarmmuskel (Trizeps): *Einzige Muskelgruppe am hinteren Oberarm,bestehend aus drei Muskeln.*

Brustwirbelsäule: *Die zwölf Wirbel im Anschluss an die Halswirbelsäule auf Höhe der Rippen, also im oberen und mittleren Rücken. Die zwölf Rippen sind an diesen Wirbeln befestigt.*

Deltamuskel: *Der Dreiecksmuskel, der sich zu den Schultergelenken und über sie hinweg erstreckt.*

Breiter Rückenmuskel: *Große fächerartige Muskeln im Rücken, die mit Armen, Wirbeln und Becken verbunden sind.*

Lendenwirbelsäule: *Die fünf Wirbel im unteren Rücken. Sie sind größer und nur eingeschränkt beweglich.*

Gesäßmuskeln: *Der Gluteus maximus, minimus und medius bilden die größte und zugleich stärkste Muskelgruppe im Körper.*

Kreuzbein: *Die fünf verschmolzenen Wirbel im unteren Rücken.*

Hintere Oberschenkelmuskeln (Harmstrings): *Die große Muskelgruppe an der Oberschenkelrückseite.*

Steißbein: *Die untersten vier Wirbel, die ebenfalls zu einem Knochen verschmolzen sind.*

Ihre Körpermitte

Der Rahmen

Becken, Hüftknochen, Brustkorb und Schultergürtel bilden den Rahmen und die Hauptstütze für Ihre Körpermitte. Die Muskeln, Sehnen und Bänder Ihrer Mitte halten diesen Rahmen zusammen und geben dem ganzen Körper sowohl Stabilität als auch Mobilität. Nur wenn dieses lebenswichtige System im Gleichgewicht von Kraft und Flexibilität harmonisch arbeitet, kann der Rest Ihres Körpers gut funktionieren.

Das so genannte Powerhouse

Ihre Bauchmuskeln verbinden den Ober- und Unterkörper. Sie übertragen die Kräfte, die für jede Bewegung von der Kopfdrehung bis zum Einziehen der Zehen nötig sind. Es sind vier über den Rumpf verteilte Muskelschichten, die Ihr Rückgrat, Ihre Organe und Ihr Becken stützen. Sie halten uns aufrecht und sind auch mit für die Atmung zuständig. Die Funktion des ganzen Körpers ist davon abhängig, dass dieses komplexe Muskelsystem Halt gibt.

Der am tiefsten liegende quere Bauchmuskel erstreckt sich rund um Ihre Taille und ist mit dem Zwerchfell verbunden. Er spielt eine wichtige Rolle beim Atmen, beim Stützen der Organe und der Stabilisierung von Rückgrat und Becken. Bei richtiger Funktion kontrahiert der quere Bauchmuskel vor Arm- oder Beinbewegungen, um Rückgrat und Becken zu stabilisieren. Denn wenn das Rückgrat instabil ist, kann das Nervensystem die Muskeln in den Extremitäten nicht wirksam einsetzen und die Bewegungen werden unausgewogen.

Damit Ihre Bewegungen ausgewogen sind, müssen die vier Muskelgruppen in Balance sein. Trainiert man nur die oberste Schicht, wie es bei den meisten Übungsprogrammen der Fall ist, kann das sogar das Gleichgewicht zwischen den Muskelgruppen und ihre Zusammenarbeit stören. Trainieren Sie dagegen aus der Körpermitte heraus, von innen nach außen, wird ein funktionierendes Kraftsystem erzeugt und die Effektivität aller Bewegungen erreicht.

Heben und Beugen

Der gerade Bauchmuskel, beim Waschbrettbauch als »Sixpack« sichtbar, läuft vertikal vom Brustkorb zum Schambein hinunter. Er hilft beim Heben und Vorwärtsbeugen und leistet die Hauptarbeit, wenn Sie sich aus dem Liegen zum Stehen aufrichten.

Die inneren und äußeren schrägen Bauchmuskeln laufen diagonal an den Körperseiten hinunter. Sie unterstützen den geraden Bauchmuskel beim Vorwärtsbeugen und sind auch für Drehbewegungen zuständig.

Der Stützapparat

Der Beckenboden schließt das Becken nach unten ab und stützt Beckeninhalt und Bauchwand. Die richtige Ausrichtung des Beckens wirkt sich auf alle Bewegungen in Beinen und Füßen aus, und alle Bewegungen in Beinen und Füßen wirken sich auf die Beckenausrichtung aus. Diese symbiotische Beziehung lässt Fehlhaltungen entstehen, wann immer die Bewegungskette ein schwaches Glied aufweist. Wenn Sie den Beckenboden kräftigen, sind diese Verbindungen auch stabil.

Ihre Rippen sind an der Brustwirbelsäule befestigt und umschließen den oberen Rumpf, bis sie am Brustbein zusammentreffen. Der Brustkorb weitet sich von der Ausatmung bis zur vollständigen Einatmung um fast acht Zentimeter; wird diese Beweglichkeit aber nicht genutzt, versteift er und verliert sie. Ihre Rippen sind in alle Richtungen beweglich: nach oben, unten, vorne und hinten. Der Brustkorb versieht ständig die wichtige Aufgabe, Herz und Lungen zu schützen und ist lebenswichtig für Ihre Atmung.

Das Rückgrat

Das ideale Rückgrat ist gleichzeitig stabil und sehr beweglich, um seine vielseitigen Aufgaben zu erfüllen. Es verbindet Ober- und Unterkörper und trägt das Gewicht von Kopf, Organen und Gliedmaßen. Außerdem umhüllt es das Rückenmark schützend.

Die Wirbelsäule besteht aus 24 einzelnen Wirbelkörpern, dem Kreuz- und dem Steißbein. Die Halswirbelsäule umfasst sieben Wirbel und ist der oberste und beweglichste Abschnitt. Die Brustwirbelsäule

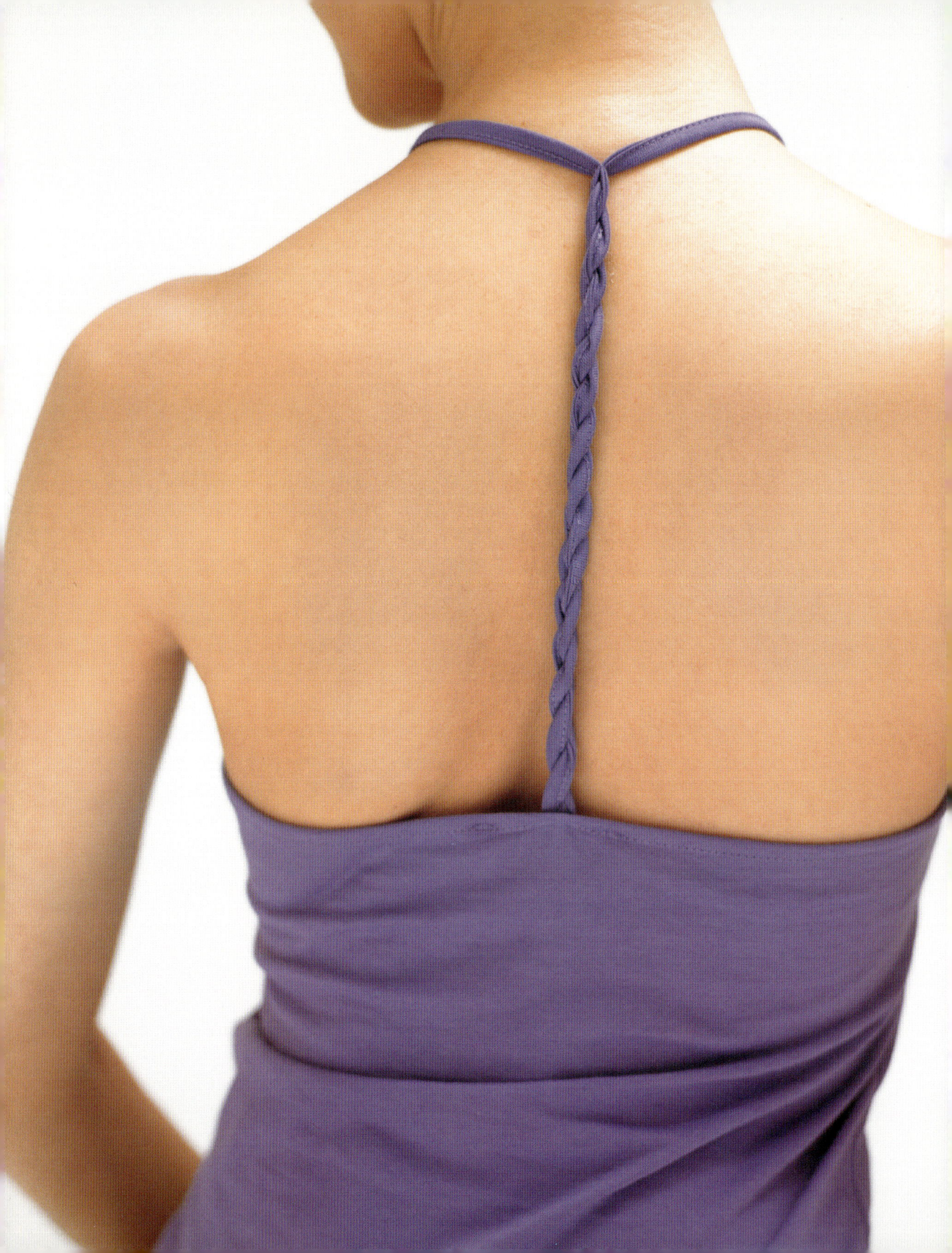

besteht aus zwölf Wirbeln, die mit den Rippen verbunden sind. Fünf große Wirbel bilden die Lendenwirbelsäule im unteren Rücken. Der untere Teil der Wirbelsäule heißt Kreuzbein und besteht aus fünf zusammengewachsenen Wirbeln. Die fünf untersten Wirbel, die ebenfalls zu einem Knochen verschmolzen sind, bilden das Steißbein.

Jeder Mensch wird mit einer Krümmung in der Brustwirbelsäule geboren. Die entgegengesetzten Krümmungen, die für das Sitzen, Stehen und Gehen notwendig sind, entstehen durch die ersten Bewegungen. Die Krümmung der Halswirbelsäule bildet sich aus, wenn ein Kind aus der Bauchlage seinen Kopf hebt, um die Umgebung zu erkunden. Strampeln, Rollen und Krabbeln führen dann zur Krümmung in der Lendenwirbelsäule.

Die Position des Beckens beeinflusst die Krümmung der Rückgrats. Ein oben extrem nach vorne gekipptes Becken verstärkt die Krümmung der Lendenwirbelsäule und führt zum Hohlkreuz, das wiederum die anderen Krümmungen verstärkt. Dann sitzen die einzelnen Wirbelkörper nicht mehr so gut aufeinander und der Druck auf die Gelenke der Wirbelsäule wird erhöht. Wenn Sie an einer korrekten Beckenstellung arbeiten, reduzieren Sie zu starke Krümmung und Belastung.

Aber auch ein zu gerades Rückgrat ist nicht ideal, da es Stöße weniger gut abfangen kann. Wenn Sie Ihr Becken nach hinten kippen, um die Krümmung im Kreuz zu vermindern, verschiebt sich die Haltung der Beine und die Anspannung im Becken nimmt zu. Dadurch wird die Funktion der Beckenmuskeln und der Hüftgelenke behindert. Eine ausgewogene Hüftstellung beruht auf gesunden Bewegungsmustern und ist Teil dessen, wie wir uns bewegen, sitzen und stehen.

DAS IDEALE RÜCKGRAT IST GLEICHZEITIG STABIL UND SEHR BEWEGLICH, UM SEINE VIELSEITIGEN AUFGABEN ZU ERFÜLLEN. ES VERBINDET OBER- UND UNTERKÖRPER.

Der Weg zur Fitness aus der Körpermitte

»Überlastung« und »Spezifität«

»Überlastung« und »Spezifität« sind Grundprinzipien jeden Trainings. Bei der Überlastung trainiert man die Muskeln, indem man sie einer höheren Belastung als gewöhnlich aussetzt. Durch wiederholte Überlastung wird die Leistungsfähigkeit verbessert. Zunehmende Trainingsintensität, -häufigkeit und -länge steigern die Überlastung, und da Ihr Körper sich an die höhere Belastung gewöhnt, können neue Fitnessziele erreicht werden.

Spezifität besagt, dass Trainingsresultate für den jeweiligen Muskel spezifisch sind. Überlastung des Bizeps baut z. B. nur den Bizeps auf. Um dagegen insgesamt leistungsstärker zu werden, muss der ganze Körper trainiert werden. Je mehr Muskelgruppen an einer Bewegung beteiligt sind, desto effektiver wird diese Bewegung. So werden auch Isolationsübungen wie Wadenheben zu Übungen für die Körpermitte.

Lässt man Muskeln zusammenarbeiten, ermüden die einzelnen Muskeln langsamer und die Verletzungsgefahr wird geringer. Aktivieren wir diese Zusammenarbeit, ehe bestimmte Muskelgruppen angespannt werden, werden unsere Bewegungen effektiver.

Verschiedene Arten der Muskelkontraktion

Fitnessprofis und Physiotherapeuten verwenden für die verschiedenen Übungs- und Kontraktionsarten folgende Bezeichnungen:

Isotonische konzentrische Kontraktion: Kontraktion, bei der der Muskel sich verkürzt

Isotonische exzentrische Kontraktion: Die bewusste Verlängerung von Muskeln in Aktivität

Isometrische Kontraktion: Muskeln werden aktiviert und in konstanter Länge gehalten

Passive Dehnung: Muskeln werden im passiven Zustand verlängert und nicht zum Zusammenziehen stimuliert.

JE MEHR MUSKELGRUPPEN AN EINER BEWEGUNG BETEILIGT SIND, DESTO EFFEKTIVER WIRD DIESE BEWEGUNG.

Unbewusst benutzen Sie täglich alle diese Kontraktionstypen. Wenn Sie einen Karton hochheben, ihn durch den Raum tragen, auf den Tisch und zum Schluss wieder auf den Boden stellen, haben Sie alle beschriebenen Kontraktionstypen ein Mal durchlaufen. Das Hochheben ist eine konzentrische Kontraktion, da dabei die Muskeln zum Körper hin verkürzt werden. Das Herumtragen ist eine isometrische Kontraktion, da der Karton in konstanter Entfernung zum Körper gehalten wird. Das Abstellen auf dem Tisch beansprucht Ihre Muskeln exzentrisch, da sie sich verlängern müssen, damit Sie den Karton abstellen können. Beim Abstellen auf dem Boden werden die Muskeln auf der Oberschenkelrückseite passiv gedehnt, da sie nachgeben müssen, wenn Sie sich vornüberbeugen.

Übungen mit offener und geschlossener Kette

Es gibt auch eine Einteilung in Übungen mit »offener Kette« und »geschlossener Kette«. In einer Übung mit offener Kette ist das Ende des trainierten Körperteils nicht in Kontakt mit einer stabilen Fläche. Wenn Sie Ihr Bein vom Boden heben, wird es zur offenen Kette. Armbeugen, Beinkreisen im Stehen und Rückendehnungsübungen gehören zu dieser Kategorie. Diese Form von Übung kräftigt eine einzelne Muskelgruppe und trainiert sie sehr spezifisch.

Bei Übungen mit geschlossener Kette, wie z. B. Push-ups, Ausfallschritten und Kniebeugen, ist Ihre Extremität am äußersten Ende in Kontakt mit einer stabilen Fläche. So werden mehrere Muskelgruppen gleichzeitig gekräftigt und wirkungsvollere Bewegungen erzielt.

Kombinationen für die Körpermitte

Die Kombination aus isotonischen und isometrischen Kontraktionen mit Übungen mit offener oder geschlossener Kette ergibt ein ausgewogenes Programm, das den Körper gleichmäßig fördert. Da die Übungen des Programms täglich und kontrolliert ausgeführt werden, wird jede Bewegung zu einer Körpermitte-Bewegung.

Wie Sie Ihre Körpermitte ausrichten

Die Ausrichtung der Körpermitte beginnt bei Hüften und Becken. Ihre Position bestimmt die Krümmung des unteren Rückens. Eine zu starke oder zu schwache Krümmung begünstigt Rückenverletzungen.

Nach oben ist die Körpermitte durch Schultern und Brust begrenzt. Nach vorne gezogene Schultern oder ein herausgedrückter Brustkorb verhindern ebenfalls eine gesunde Körperhaltung. Daher ist die Beziehung zwischen Hüften und Schultern entscheidend für die Muskelarbeit.

Stellen Sie sich eine Linie vor, die von einer Seite zur anderen durch die Hüften führt. Eine zweite Linie führt von vorne nach hinten. Die Linien schneiden sich mitten im Becken. Bei korrekter Haltung im Stehen sind sie im rechten Winkel zueinander und parallel zum Boden. Dafür müssen Sie die Muskeln dieser Region gleichmäßig in Richtung der Gelenke ziehen. So wird ein Ausweichen der Wirbelsäule zur Seite oder nach hinten und ein Kippen des Beckens verhindert.

Spannen Sie die unteren Bauchmuskeln an und ziehen Sie den Nabel in Richtung Wirbelsäule. Machen Sie den Rumpf zwischen Hüftknochen und Brustkorb lang, um die tiefer liegenden Muskelschichten zu aktivieren.

Stellen Sie sich zwei weitere Linien vor, die von vorne nach hinten durch die Brust bzw. von einer Schulter zur anderen führen. Auch diese Linien sollten im rechten Winkel zueinander und parallel zum Boden stehen, sodass die Schultern nicht nach vorne hängen oder der obere Rücken zu stark gekrümmt wird.

Das dritte Linienpaar führt von einem Ohr zum anderen bzw. durch die Nase zum Hinterkopf. Ihre korrekte Ausrichtung verhindert, dass das Kinn nach vorne gereckt oder der Nacken gekrümmt wird.

Damit der ganze Körper ausgerichtet ist, muss durch die Schnittpunkte der drei Linienpaare eine senkrechte Linie führen, sodass sie exakt übereinander liegen. In dieser Haltung werden alle Muskeln der Körpermitte ausgewogen gefordert und keine Muskelgruppe wird überansprucht.

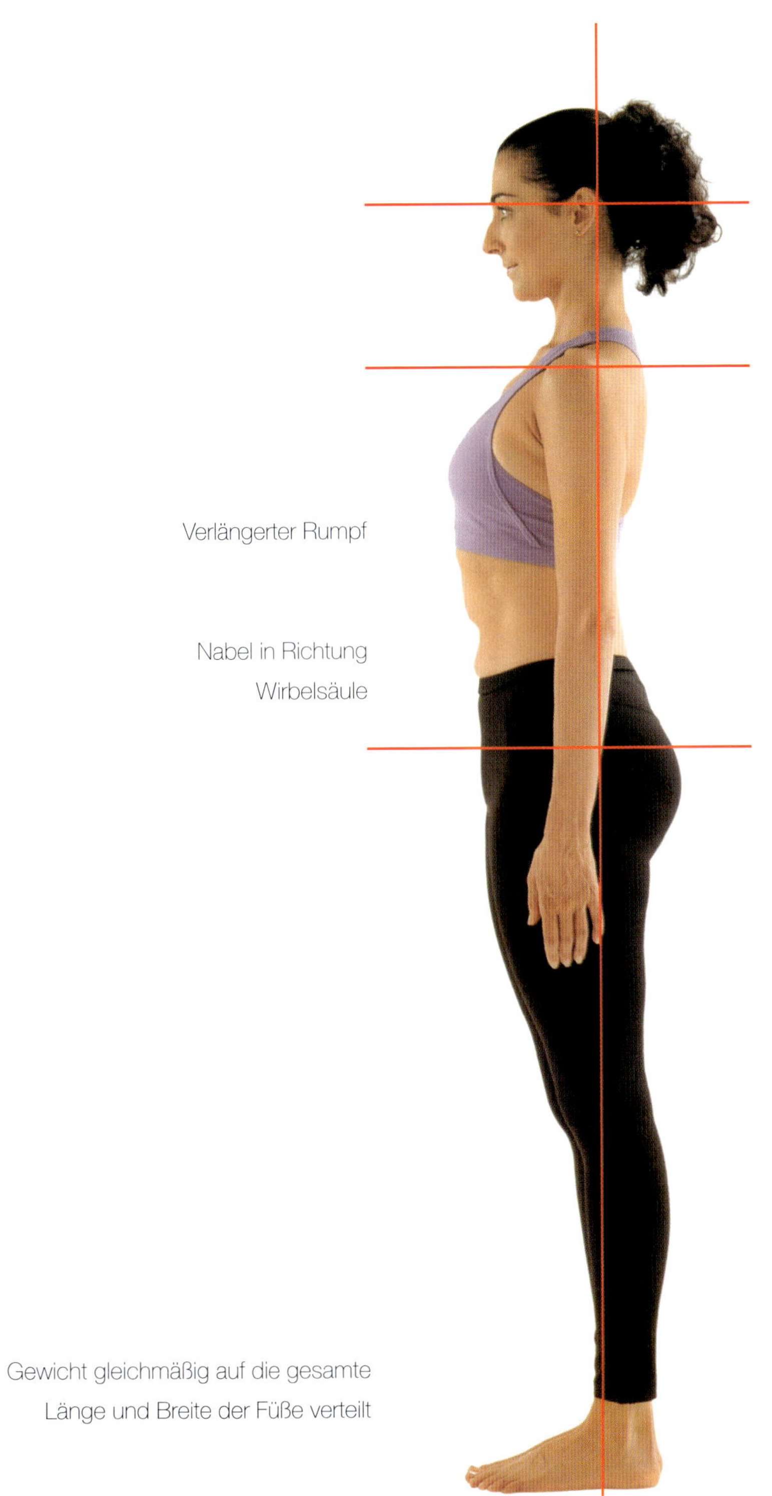
Verlängerter Rumpf
Nabel in Richtung
Wirbelsäule
Gewicht gleichmäßig auf die gesamte
Länge und Breite der Füße verteilt

Fußstellung

Die Ausrichtung der Körpermitte hängt auch von der Stellung Ihrer Füße ab. Stellen Sie sich jeden Fuß als Dreieck vor. Dieses Dreieck führt vom Ansatz der großen Zehe hinüber zur kleinen Zehe und hinten zur Fersenmitte. Verteilen Sie Ihr Körpergewicht gleichmäßig auf diese Dreiecke, damit ihre Füße nicht nach innen oder außen gekippt sind. Ihre Beine sollten gerade und die Knie weder ganz durchgestreckt noch seitwärts gedreht sein, sondern gerade nach vorne zeigen.

Lassen Sie die Energie von den Fußdreiecken durch die Beine und Hüften bis zu Schultern und Kopf fließen.

ACHTEN SIE BEI JEDER ÜBUNG AUF DIE AUSRICHTUNG DER KÖRPERMITTE. SO VERRINGERN SIE DIE VERLETZUNGSGEFAHR UND ERHÖHEN DIE EFFEKTIVITÄT DER BEWEGUNG.

Neutrale Wirbelsäule und Imprint

Beim Thema Ausrichtung sind die Begriffe »neutrale Wirbelsäule« und »Imprint« wichtig. Neutral ist die Wirbelsäule, wenn sie am längsten ist. Sie erlaubt dann ein Maximum an Bewegung, und die Zwischenräume für die Rückgratnerven sind eher offen. Bei manchen Übungen soll das Rückgrat auf der ganzen Länge gedehnt und Wirbel für Wirbel auf den Boden gedrückt werden, wo es sozusagen einen Abdruck (engl. »Imprint«) hinterlässt. Kippen Sie in beiden Fällen das Becken nicht, sonst verkrampfen Ihre Hüftbeuger und Pomuskeln.

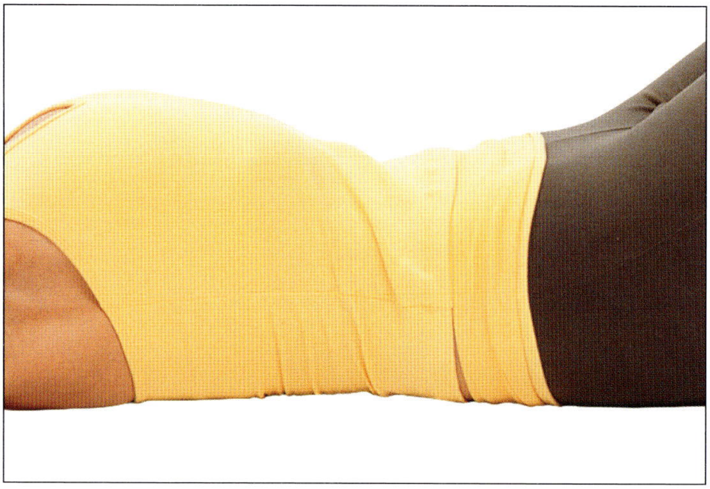

Neutrale Wirbelsäule: Der Rücken wird weder zum Hohlkreuz gewölbt, noch flach auf den Boden gedrückt. Die natürliche Krümmung der Wirbelsäule bleibt bestehen.

Das Konzept der neutralen Wirbelsäule spielt bei der Ausrichtung der Körpermitte eine entscheidende Rolle. Stellen Sie sich Ihr Becken als bis zum Rand mit Wasser gefüllte Schale vor. Wird sie in eine Richtung gekippt, schwappt das Wasser über. Das gilt für jeden Punkt auf dem Schüsselrand. Wird sie dagegen gerade gehalten, bleibt der Inhalt unversehrt. Wenn Sie das Becken in neutraler Haltung halten, müssen die umgebenden Muskeln, Gelenke und Sehnen weniger Arbeit leisten, um die Schüssel stabil zu halten. Diese Beckenhaltung ist die zentrale Voraussetzung für korrekte Haltung und die Fitness aus der Körpermitte – und die Wirbelsäule behält ihre natürliche Krümmung.

Haltung von Schultern und Brustkorb

Aufbau und Funktion von Schultergürtel und Brustkorb vervollständigen die Ausrichtung im oberen Bereich. Eine korrekte Schulterhaltung ist entscheidend für alle Bewegungen von Armen, Hals und Kopf.

Ihr Brustbein sollte nicht nach vorne oder hinten gekippt sein, sondern genau vertikal stehen. Die Schultern müssen in Balance sein; nach hinten gezogene oder nach vorne weggesackte Schultern können nicht effektiv arbeiten.

Wie die Ausrichtung der Körpermitte Arm- und Beinbewegungen beeinflusst

Die Ausrichtung der Körpermitte macht den Körper zu einer Einheit. Da jeder Bereich des Körpers auf die Mitte bezogen ist, entstehen ausgewogene Bewegungen. Wenn Sie mithilfe der Körpermitte den ganzen Körper richtig halten und bewegen, entsteht ein äußerst leistungsstarkes System.

Bewegung ist dann am effektivsten, wenn sie durch das Zentrum Ihrer Gelenke geht. Eine korrekte Schulterhaltung macht Ihren Golfschwung kraftvoller, eine korrekte Beckenhaltung verbessert Ihren Gang. Wenn Sie bei jeder Übung und speziell bei Arm- und Beinübungen auf die Ausrichtung der Körpermitte achten, ist die Verletzungsgefahr geringer und jede Bewegung wird effektiver.

Bewährte Methoden kombiniert

Pilates

Joseph Hubertus Pilates war ein leibhaftiger Visionär und seiner Zeit um einiges voraus. 1880 in der Nähe von Düsseldorf geboren, war er ein kränkliches Kind. Um seinen Gesundheitszustand zu verbessern, beschäftigte er sich mit östlichen und westlichen Übungsmethoden, wie Yoga, Zen und Ansätzen aus der griechischen und römischen Antike.

Die Übungstechnik, die er entwarf und die nach ihm benannt ist, ist ein Geist-Körper-System, das den ganzen Körper nutzt, um starke und bewegliche Muskeln mit gutem Tonus zu entwickeln. Die Pilates-Methode gründet auf der fundamentalen Verbindung von Konzentration und Aktivität. Jedes einzelne Bewegungsmuster wird mit höchster Konzentration ausgeführt, sodass der Geist den Körper unmittelbar formt.

Pilates gründet auf dem Prinzip, dass wenige kontrolliert und präzise ausgeführte Bewegungen, viel wertvoller sind, als Hunderte gedankenlos ausgeführter Wiederholungen. Für die korrekte Ausführung muss bei jeder einzelnen Übung auf folgende Faktoren geachtet werden: Konzentration, Kontrolle, Zentriertheit, Präzision, Bewegungsfluss und Atmung.

Training mit Gewichten

Krafttraining zielt eher auf isolierte Muskelgruppen ab, anstatt den ganzen Körper in die Bewegung zu integrieren. Betont wird die Arbeit mit ein oder zwei Muskelgruppen, und es wird nach Oberkörper- und Unterkörperübungen unterschieden. Meist wird nach der Arbeit mit einer bestimmten Muskelgruppe ein Ruhetag eingelegt. Beim Krafttraining werden einzelne Muskelgruppen einem größeren Gewicht ausgesetzt als gewöhnlich. Die Wiederholung von Bewegungen mit Gewichten erhöht die Kraft der angesprochenen Muskelgruppe.

In diesem Buch werden die effektivsten Übungen aus dem Krafttraining oft mit Bewegungen aus anderen Übungssystemen kombiniert.

Yoga

Die Geschichte des Yoga reicht mehr als fünftausend Jahre zurück. Yoga stammt aus dem alten Indien und ist körperliche wie spirituelle Praxis. Es gibt viele verschiedene Formen des Yoga, wie Ashtanga, Iyengar und Bikram Yoga, aber alle bedienen sie sich einer Reihe festgelegter Bewegungen, »Stellungen« genannt, um den Körper zu dehnen, sanft zu formen und zu kräftigen. Wie beim Pilates ist die kontrollierte Bewegung und bewusste Wahrnehmung der Vorgänge im Körper entscheidend. Yoga verjüngt und belebt den Körper auf allen Ebenen.

In den folgenden Programmen wird für die Yogastellungen jeweils der Sanskrit-Name neben dem gängigen deutschen Namen genannt.

Fitnessball

Der Fitnessball ist eine neuere Entwicklung im Fitnessbereich und wurde als Hilfsmittel für die Physiotherapie erfunden. Als instabile Stütze verlangt er die Arbeit mehrerer Muskelgruppen gleichzeitig. Jede Übung wird so zu einem Balanceakt und erfordert absolute Konzentration in der Bewegung. Die Arbeit mit dem Fitnessball verbessert die Koordination und aktiviert und stabilisiert Ihre Muskeln.

Das Beste vom Besten

Obwohl jede Methode unterschiedlich wirkt, haben alle das Ziel, die Fitness zu erhöhen. Die Kombination der Methoden können Sie jeden Tag nutzen: Denn Sie bleiben nicht heute im Bett, weil gestern ihr »Bein-Trainingstag« war und Sie heute nur die Arme trainieren dürfen. Sie greifen im Büro nicht nach einem Stift und verharren fünf Atemzüge in dieser Pose. Jede Technik muss sinnvoll genutzt werden, damit größere Bewegungsfreiheit möglich wird. Das hier vorgestellte Übungsprogramm wechselt zwischen Pilates, Fitnessball, Krafttraining und Yoga. Die Abfolge der Bewegungsmuster ergibt einen biomechanischen Rhythmus aus Kraft und Energie. So schaffen die Übungen eine Umgebung, in der Sie das, was Sie jeden Tag als gegeben hinnehmen, bewusster erleben können: Freude an der Bewegung, Freude am Leben.

Die Atmung

Der Atem ist Brennstoff und Nahrung für Ihren Körper. Die lebenswichtige Sauerstoffversorgung spielt bei Alltagstätigkeiten und bei intensiver körperlicher oder emotionaler Belastung eine Rolle.

Ihre Lungen können rund fünf Liter Sauerstoff aufnehmen, aber mit zunehmendem Alter nimmt das Lungenvolumen ab. Es wird weniger Lungenoberfläche genutzt, immer mehr Bereiche werden stillgelegt. Die kleinen Muskeln, die Ihre Rippen verbinden, arbeiten nicht mehr so effektiv, bis Sie schließlich nur noch mit dem oberen Teil der Lungen atmen.

Traditionellerweise werden im Fitnessbereich zwei verschiedene Atemtechniken angewandt. Wir kombinieren das Beste aus beiden.

Brustkorbatmung

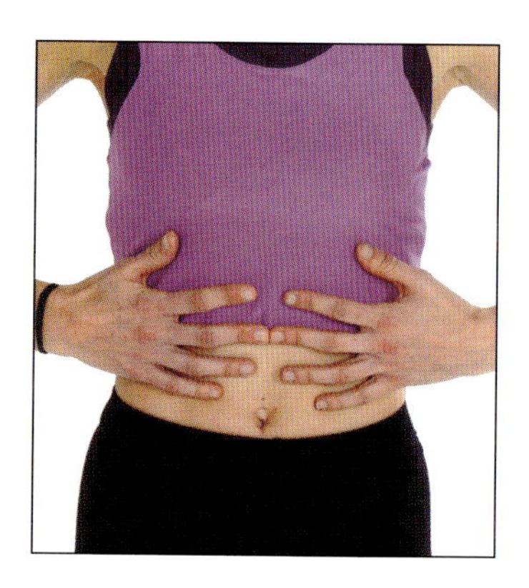

Ihr Brustkorb kann sich bei jedem Atemzug um fast acht Zentimeter ausdehnen und zusammenziehen. Brustkorbatmung öffnet und schließt Ihren Brustkorb an Vorder- und Rückseite und stimuliert so die kleinen Muskeln, sich fließend auszudehnen und wieder zu kontrahieren.

Um die Brustkorbatmung zu spüren, legen Sie die Hände so auf den Brustkorb, dass sich die Finger in der Mitte treffen. Atmen Sie durch die Nase ein, sodass Ihr Brustkorb sich dehnt und die Hände auseinander wandern. Atmen Sie durch den Mund wieder aus und spüren Sie, wie der Brustkorb sich schließt und die Hände wieder zusammenkommen.

Zwerchfellatmung

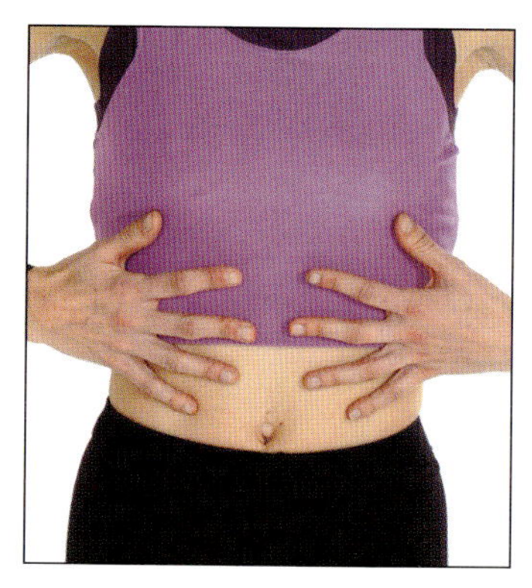

Die Wände des Bauchraumes bestehen aus drei Muskelschichten. Den oberen Abschluss der Bauch- und Beckenhöhle bildet das Zwerchfell. Es ist vorne am Brustkorb und hinten an den Lendenwirbeln befestigt und wölbt sich nach oben in die Brusthöhle.

Beim Einatmen zieht sich Ihr Zwerchfell zusammen und senkt sich, sodass das Volumen der Brusthöhle vergrößert wird. Gleichzeitig presst das Zwerchfell in die Bauchhöhle, massiert die inneren Organe und unterstützt den Blutrückfluss zum Herzen.

Für die Zwerchfellatmung legen Sie Ihre Hände direkt unter dem Nabel auf Ihren Bauch. Atmen Sie tief ein und langsam wieder aus. Atmen Sie wieder ein und durch den Mund aus und spannen Sie dabei Ihre unteren Bauchmuskeln an. Spüren Sie, wie sich Ihr Bauch durch die Kontraktion, die die Luft aus der Lunge presst, einzieht. Diese Atemmethode macht jede Ausatmung zu einer Übung für die Bauchmuskeln, kräftigt sie und macht den Bauch flacher.

Atmung aus der Körpermitte

Kombiniert man Brustkorb- und Zwerchfellatmung werden Lungenvolumen und Sauerstoffversorgung im Blut verbessert. Bei herkömmlichen Übungen trainiert man die tiefer liegenden Bauchmuskeln nicht bewusst. Mit der Körpermitte-Atmung aber wird jeder Atemzug zu einer inneren Kräftigungsübung, der die Lungenfunktion verbessert, den Bauch flacher macht und mehr Bereiche Ihres Körpers integriert.

Bei der Körpermitte-Atmung stimmt man die Übungsbewegungen mit der Ein- und Ausatmung ab. Üben Sie diese Atmung, indem Sie die Hände so auf den Brustkorb legen, dass die Finger sich berühren. Atmen Sie durch die Nase ein, spüren Sie, wie Ihr Brustkorb sich weitet, und merken Sie sich, wie groß der Zwischenraum zwischen den Fingern war. Atmen Sie durch den Mund aus, bis sich Ihre Finger in der Mitte wieder berühren. Spannen Sie dann die unteren Bauchmuskeln an, um die Luft vollständig aus der Lunge zu pressen.

Atmen Sie nun in zwei Phasen ein, um noch mehr Luft in den Körper zu bringen. Atmen Sie ebenfalls in zwei Phasen durch den Mund aus. Wiederholen Sie die Übung, indem Sie in drei Phasen ein- und ausatmen, dann in vier und in fünf Phasen. Beobachten Sie, wie sich der Zwischenraum zwischen Ihren Fingern vergrößert, je länger Sie ein- und ausatmen, und Sie so Ihre Brust weiten und so Ihr Lungenvolumen vergrößern.

Täglich geübt weitet diese Atmung den Brustkorb und regt den Kreislauf an. Führen Sie während des Trainings die Körpermitte-Atmung durch, wird die Entstehung von Toxinen im Körper verhindert und Körper und Geist werden mit frischer Energie versorgt.

»ATMEN IST UNSERE ERSTE HANDLUNG IM LEBEN UND UNSERE LETZTE.«
JOSEPH PILATES

Die Übungsprogramme mit maximaler Belastung nutzen

Das erste Programm »Körpermitte-Basistraining« ist für jeden geeignet, ungeachtet der körperlichen Verfassung. Es schafft die nötige Körperausrichtung und Konzentration für die folgenden Programme »Dynamischer Kraftaufbau« und »Körpermitte-Intensivtraining«. Beachten Sie folgende Tipps für den Übergang von einem Programm zum nächsten:

- Beim Krafttraining wiederholen Sie die Übungssätze dreimal mit schwerem Gewicht, ehe Sie zur nächsten Stufe übergehen.
- Die Yogastellungen ohne Band oder Block behalten Sie für die empfohlene Zeitdauer bei.
- Die Bewegungen aus dem Pilates sollten Sie präzise und flüssig ausführen können.
- Bei den Fitnessball-Übungen sollten Sie die Balance halten und die Bewegungen ohne Schwung ausführen können.

Wenn Sie glauben, dass Sie bei Programm 1 das maximale Ergebnis erzielt haben, gehen Sie weiter zu Programm 2 usw. Sind Ihnen die Übungsmuster der drei Hauptprogramme langweilig geworden, blättern Sie zu den Seiten 150-155, wo Sie Übungsreihen für jeden Bedarf finden. Vom zehnminütigen Workout mit Dehnübungen bis zu einer anspruchsvollen Übungsreihe von einer Stunde können Sie sich täglich ein Programm auswählen, das Ihrem Fitnessgrad und Lebensstil entspricht.

Mit welchem Programm Sie auch beginnen, denken Sie daran: Ziel ist es, Ihr persönliches Potenzial optimal zu nutzen. Beim Konzept der

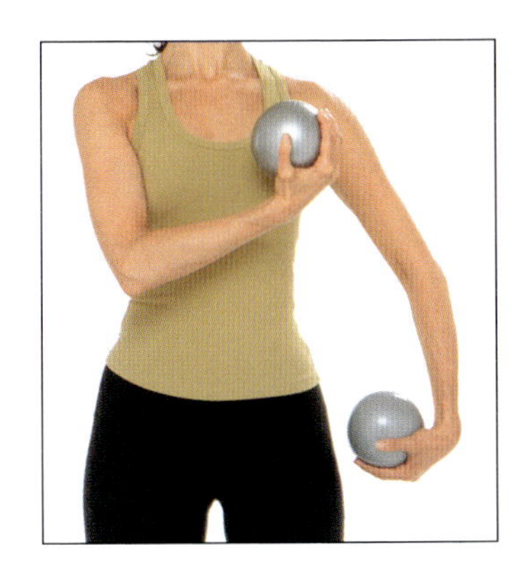

maximalen Belastung geht es nicht darum, wie viele Sit-Ups Sie in einer Minute ausführen, wie viel Gewicht Sie beim Bankdrücken hochstemmen oder gar wie schnell Sie einen Marathon laufen können. Wie bei so vielen Dingen gibt es auch beim Training eine Beziehung zwischen Dosis und Wirkung: Nur bis zu einem bestimmten Punkt ist Mehr besser als Weniger. Wie eine gute Mahlzeit ein zufriedenes Gefühl im Bauch schafft, sollten Sie sich nach einem Workout gestärkt fühlen, nicht ausgepumpt. Sonst ist der Punkt überschritten, an dem viel auch viel nutzt. Übertriebenes Training ist nicht nötig. Warum sollten Sie Ihre Muskeln überanstrengen, wenn Sie es nicht müssen?

Maximale Belastung sollte den Geist genauso fordern wie den Körper. Wer wirklich fit sein will, muss die Verbindung zwischen Körper und Geist üben. Training sollte die Fitness und alle körperlichen Aktivitäten verbessern und Sie befähigen, ein langes Leben in Gesundheit zu führen.

Das Prinzip der maximalen Belastung ist auch etwas sehr Individuelles. Sie trainieren mit maximaler Belastung, wenn Sie die Übungen mit korrekter Ausrichtung, Konzentration und Präzision durchführen. Strengen Sie sich an, langsamer und mit Tiefenwirkung zu arbeiten. Wenn Sie dazu noch folgende Ratschläge beherzigen, sind Sie schon bald auf dem besten Weg zum dynamischen Kraftaufbau:

- Wenn Sie wirklich mit Kraft aus der Körpermitte arbeiten, sollten Sie an jedem Punkt in einer Bewegung innehalten oder sogar in umgekehrter Bewegungsrichtung fortfahren können.

- Wenn Sie nicht wie beschrieben atmen können, verwenden Sie ein zu hohes Gewicht oder aber den Schwung Ihres Körpers zur Ausführung. Bleiben Sie während der gesamten Übung beim vorgeschriebenen Atemmuster.

- Behalten Sie während der Übungen die korrekte Haltung bei. Die richtige Körperausrichtung und -stellung ist weitaus wichtiger als die Anzahl der Wiederholungen oder die verwendeten Gewichte.

Die Ausrüstung

Wozu dient ein Gymnastikband?

Mit einem Gymnystikband arbeiten Sie gegen einen Widerstand. Dadurch werden die Gelenke der Körpermitte stabilisiert und ihre Beweglichkeit verbessert. Diese Technik zur Dehnung und Kräftigung sorgt für optimale Muskelarbeit und schmiert die Gelenke. Benutzen Sie ein Pilates-, Yoga- oder Theraband oder jedes andere ca. 1,25 Meter lange Übungsband.

Was ist ein Pilatesband?

Das Pilatesband, eine besondere Variante des Übungsbands, ist ein Segeltuchstreifen mit mehreren Taschen, in die Sie Hände oder Füße stecken können. Stecken Sie die Hände in die Taschen, wird von den Handgelenken Spannung genommen und Ihr Schultergürtel stabilisiert. Sie können Ihre Handgelenke gerade halten und die Handflächen in alle möglichen Richtungen drehen. Wenn Sie die Taschen für die Füße benutzen, werden alle Übungen für Körpermitte-Stabilität verstärkt. Ihre Beweglichkeit und Ihr Bewegungsradius bestimmen, welche Taschen Sie benutzen. Je enger die Hände zusammen sind, desto anspruchsvoller wird die Übung. Halten Sie zu Anfang das Band in einer bequemen Position und probieren Sie verschiedene Taschen aus, sobald Sie mit den Bewegungen vertrauter geworden sind.

Das Pilatesband kann unter www.sissel.ch oder www.sissel.de erworben werden. Als Ersatz können Sie jedes andere Übungsband benutzen und Hand- und Fußabstand entsprechend der Übungsbeschreibung wählen.

Wie schwer dürfen die Gewichte sein?

Die hier verwendeten freien Gewichte sind variable Hanteln oder Gewichtsbälle. Beginnen Sie mit so viel Gewicht, dass Sie von jeder Übung einen vollen Satz durchführen können. Sie wollen schließlich spüren, dass Ihre Muskeln in ihrer ganzen Bewegungsbreite gefordert

wurden. Zum Weiterüben erhöhen Sie dann das Gewicht. Gewichtsbälle halten die Handgelenke beim Anheben mithilfe der Körpermitte stabil. Variablen Hanteln können Sie Gewicht zufügen, ohne gleich ein neues Paar kaufen zu müssen. Freie Gewichte erhalten Sie in jedem Sportgeschäft.

Welche Größe sollte der Fitnessball haben?

Die Größe des Fitnessballs hängt von Ihrer Größe ab. Wenn Sie auf dem Ball sitzen, sollten Ihre Füße flach auf dem Boden bleiben. Die Hüften befinden sich leicht über Kniehöhe. Fitnessbälle werden gewöhnlich in drei Größen angeboten und sind in guten Sportgeschäften erhältlich. Sie sind auch unter dem Namen Pezzi-Ball® im Handel.

Wozu dienen Yogabänder und -blöcke?

Yogabänder und -blöcke unterstützen die Dehnung in vielen Stellungen. Wenn Sie in einer Übung Ihre Füße oder den Boden nicht erreichen, können Sie mit ihrer Hilfe die Stellung trotzdem korrekt einnehmen und ihre Muskeln sanft dehnen. Man kann diese Utensilien in Yoga-Zentren und Sportgeschäften kaufen.

Programm 1

Körpermitte-Basistraining

Diese Übungen verbessern Kraft, Beweglichkeit, Gleichgewicht, die Körperausrichtung und den Muskeltonus. Der dynamische Workout führt zu langen schlanken Muskeln, regt Kreislauf und Atmung an und verhilft zu geistiger Entspannung.

Weitung des Brustkorbs

Wirkung Diese Übung verbessert die Beweglichkeit Ihrer Nackenmuskulatur. Mangelnde Beweglichkeit kann zu Kopfschmerzen führen, aber auch Bewegungen wie z. B. den Golfschwung beeinträchtigen. Da die Halswirbelsäule der flexibelste Teil der Wirbelsäule ist, müssen unsere Nackenmuskeln ein perfektes Gleichgewicht aus Stabilität und Beweglichkeit bieten. Wer surft, golft oder ständig mit dem Handy telefoniert, bemerkt durch die einseitige Belastung bald ein Nachlassen der Beweglichkeit auf einer Seite. Zusätzlich macht diese Übung durch die tiefe Ausatmung den Brustkorb flexibler und versorgt den Körper neu mit Sauerstoff.

Ausgangsposition Knien Sie auf der Matte, die Knie in hüftbreitem Abstand. Nehmen Sie das Pilatesband und stecken Sie die Hände in die Taschen neben der Mitteltasche. Das Band auf Brusthöhe mit den Armen spannen. Schultern nach unten drücken, weg von den Ohren. Kopf, Schultern und Hüften dabei in einer geraden Linie halten (siehe S. 22–23).

Bewegungsablauf

1 Senken Sie die Arme mit gespanntem Band auf Hüfthöhe und atmen Sie dabei tief ein.
2 Den Kopf nach rechts drehen, bis sich das Kinn über der rechten Schulter befindet.
3 Den Kopf zur anderen Seite drehen, bis das Kinn über der linken Schulter ist.
4 Den Kopf zurück zur Mitte drehen.
5 Die Arme wieder auf Brusthöhe anheben.

Wiederholungen 5- bis 10-mal ausführen.

Atmung Beim Senken der Arme tief einatmen. Ausatmen und mit den Kopfdrehungen beginnen,

weiter ausatmen und die Arme dabei wieder anheben. Die Ausatmung erstreckt sich über vier Bewegungen, sodass die gesamte Luft aus der Lunge gepresst werden kann.

Ziel ist eine gleichmäßige Drehbewegung von Kopf und Hals. Ihr Kinn darf während der Drehungen nicht zu den Schultern absinken. Drehen Sie den Kopf nur so weit, dass Sie Kinn und Nase noch parallel zum Boden halten können.

Variationen Wenn Ihr Kinn absinkt, haben Sie den Kopf zu weit gedreht. Verringern Sie den Bewegungsradius und halten Sie sich weiterhin gerade. Wenn Sie beim Knien Probleme haben, können Sie die Übung auch im Sitzen auf einem Stuhl absolvieren und das Band statt zur Hüfte zu den Knien führen.

Powerübung Körpermitte Setzen Sie sich hinten auf die Fersen und belassen Sie die Arme auf Brusthöhe. Übung 5- bis 8-mal wiederholen. Wieder zum Knien hochkommen, das Band vor den Oberschenkeln spannen und mit den Armen 20 Pumpbewegungen hinter dem Körper ausführen.

Wirbelsäulen-Imprint

Wirkung Der »Rückenabdruck« (Imprint) setzt an dem Ursprung einer fehlerhaften Ausrichtung in Ihrem Körper an – der Lage der Knochen und ganz besonders der Ausrichtung Ihrer Wirbelsäule. Verbessern Sie die Ausrichtung Ihres Rückgrats durch die Bewegung der Wirbel in dieser Übung und spüren Sie, wie Sie mit Ihrem Körper von innen nach außen arbeiten.

Ausgangsposition Auf die Matte setzen. Knie anwinkeln, Füße flach auf die Matte setzen, die Knöchel berühren sich. Die Hände seitlich an die Knie legen.

Bewegungsablauf

1. Den unteren Rücken langsam zu Boden drücken, ohne das Becken dabei zu kippen. Stellen Sie sich einfach vor, die Hüftknochen würden auseinander weichen und Ihr Rückgrat sinkt dann weich in die Matte.
2. Hören Sie auf zu drücken, ohne dass die Hüften dabei kippen und der Rücken von der Matte abhebt.
3. Drücken Sie die Schultern auf die Matte und halten Sie den vorderen Brustkorb dabei ruhig. Spüren Sie die Dehnung in den Schulterblättern und vorne auf der Brust.
4. Hören Sie auf zu drücken. Halten Sie die Schulterblätter weiterhin unten, weg von den Ohren. Der Nacken ist entspannt.

Wiederholungen Drücken Sie den unteren Rücken 5-mal auf den Boden.
Drücken Sie die Schultern 5-mal auf den Boden.
Wiederholen Sie die Übung, wobei Sie konzentriert darauf achten, zwischen Rücken- und Schulterdrücken abzuwechseln.

Atmung Beim Niederdrücken des unteren Rückens ausatmen.
Beim Lösen des Drucks einatmen.
Beim Niederdrücken der Schultern ausatmen.
Beim Lösen des Drucks einatmen.

Ziel ist ein totales Nachlassen jeder Spannung, die das Auflegen jedes einzelnen Wirbels verhindert. Die Bewegung bei dieser Übung ist äußerst subtil. Ziehen Sie die Muskeln nicht zu stark zusammen. Je kleiner die Bewegung ist und je langsamer sie ausgeführt wird, desto intensiver arbeiten Sie mit den Muskeln der Körpermitte. Achten Sie darauf, den Nacken nicht zu beugen. Blicken Sie eventuell zur Decke, sodass der Kopf wieder in einer Linie mit der Wirbelsäule ist. Wenn es Ihnen gelingt, alle Spannungen zu lösen, wird Ihr Rückgrat ganz entspannt in die Matte sinken.

Variation Drücken Sie nur einen Hüftknochen in die Matte, danach den anderen. So arbeiten Sie mit jeder der Körperseiten getrennt. Der Wechsel zwischen den Seiten soll flüssig erfolgen. Das Gleiche mit den Schultern wiederholen.

Kleine Beinkreise

Wirkung Ihre Hüften und Ihr Becken bestimmen, wie Sie stehen und gehen. Diese Übung balanciert Asymmetrien in den Hüften aus und versorgt die Gelenke mit Flüssigkeit.

Ausgangsposition Legen Sie sich mit ausgestreckten Beinen und vollständig aufliegendem Rückgrat auf die Matte. Strecken Sie die Arme zur Seite aus, Handflächen auf dem Boden. Strecken Sie nun ein Bein zur Decke, im 90-Grad-Winkel zum Becken.

Bewegungsablauf

1. Hüften ruhig halten. Mit dem bis in den Fuß gestreckten Bein kleine Kreise zeichnen. Je kleiner sie sind, desto tiefer wirkt die Bewegung im Hüftgelenk. 5-mal kreisen.
2. 5-mal in die andere Richtung kreisen.
3. Mit dem anderen Bein wiederholen.

Wiederholungen Mit jedem Bein einen Satz ausführen.

Atmung Je Kreis einmal ein- und ausatmen.

Ziel ist, die Hüfte ruhig zu halten, während der Oberschenkelkopf in der Hüftpfanne kreist. Spüren Sie die Bewegung tief in Ihrem Gelenk.

Variation Wenn Sie das Bein nicht ausstrecken können, das Knie im 90-Grad-Winkel beugen und mit dem Knie kreisen.

Powerübung Körpermitte Vergrößern Sie den Bewegungsradius, ohne die Hüften vom Boden abzuheben. Verankern Sie beide Hüften, halten Sie den Rücken flach, bewegen Sie die Beine in so großen Kreisen wie möglich, ohne an Stabilität zu verlieren. Machen Sie die Übung mit jedem Bein 5-mal in jede Richtung.

Große Beinkreise

Wirkung Beinkreise schmieren die Gelenke und stärken Ihre Hüften. Wenn Sie Hüften und Schultern fest auf die Matte drücken, wird die Arbeit der Bein-, Hüft- und Bauchmuskeln zusätzlich verstärkt.

Ausgangsposition Legen Sie sich mit ausgestreckten Beinen und vollständig aufliegendem Rückgrat auf die Matte. Strecken Sie die Arme zur Seite aus, Handflächen auf dem Boden. Strecken Sie nun ein Bein zur Decke, im 90-Grad-Winkel zum Becken.

Bewegungsablauf

1. Halten Sie Hüften und Schultern ruhig und das Bein ganz gerade und führen Sie Ihr Bein schräg über Ihren Körper.
2. Zeichnen Sie mit dem Bein einen großen Kreis in Richtung des anderen Fußes und über die andere Körperseite hinweg.

Wiederholungen Kreisen Sie 5-mal. Dann das Bein wechseln.

Atmung Bei jeder Kreisbewegung einmal ein- und ausatmen.

Ziel ist, die Kreise so weit wie möglich zu ziehen und dabei Hüften und Schultern absolut stabil zu halten.

Variation Mit kleinerem Radius beginnen und auf große, flüssig ausgeführte Kreise hinarbeiten.

Rückendehnung mit gespanntem Band

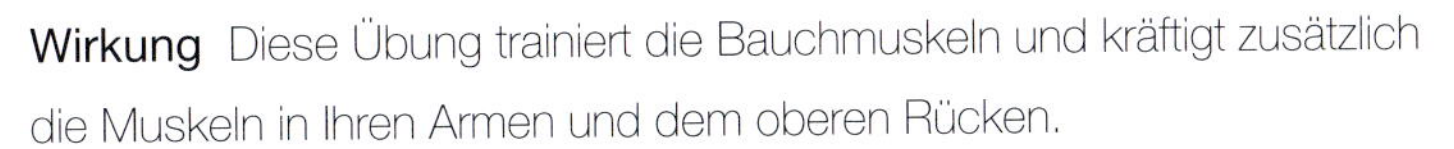

Wirkung Diese Übung trainiert die Bauchmuskeln und kräftigt zusätzlich die Muskeln in Ihren Armen und dem oberen Rücken.

Ausgangsposition Auf die Matte setzen, die Knie beugen und die Fußsohlen zusammenlegen, sodass die Beine eine Raute formen. Aufrecht mit lang gestreckter Wirbelsäule sitzen. Die Hände in die äußeren Taschen des Pilatesbandes stecken. Die Arme auf Brusthöhe anheben.

Bewegungsablauf

1. Bauchmuskeln anspannen und den Rücken runden. Die Arme dabei mit gespanntem Band hoch über den Kopf bringen.
2. Den Rücken vom Steißbein aus bis zum Hinterkopf wieder aufrichten. Das Band wieder auf Brusthöhe senken.

Wiederholungen Übung 5-mal wiederholen.

Atmung Beim Anspannen der Bauchmuskeln ausatmen.
Beim Aufrichten der Wirbelsäule einatmen.

Ziel Ziehen Sie die Bauchdecke beim Anspannen der Bauchmuskeln nach innen. Zeitgleich mit der Muskelkontraktion vorne werden die Rückenmuskeln intensiv gedehnt und Verspannungen im Rücken gelockert. Ziel ist die Balance in der Körpermitte.

Variation Sollten sich Ihre Schultern verspannen, belassen Sie die Arme während der Dehnung auf Brusthöhe.

Powerübung Körpermitte Führen Sie die gesamte Übung mit den Armen über dem Kopf aus und arbeiten Sie in Kombination mit der Bauchmuskelkontraktion mit den Armen kräftig gegen den Widerstand des Bands an.

Schusterhaltung

Baddha Konasana

Wirkung Diese Übung entlastet die Hüften und streckt die Schenkelanzieher (Adduktoren).

Ausgangsposition Knie beugen, Fußsohlen zusammenlegen. Füße so weit wie möglich zum Rumpf nehmen, ohne dass die Ausrichtung der Körpermitte verloren geht. Knie entspannt Richtung Boden sinken lassen. Arme zu den Füßen hin ausstrecken.

Bewegungsablauf

1 Mit geradem Rücken sanft nach vorne klappen, Kopf in einer Linie mit dem Rückgrat. Die Bewegung muss aus dem Becken kommen.

2 Den Rücken ***offen*** halten, während Sie sich langsam aus der Hüfte heraus wieder zur sitzenden Position aufrichten.

3 Die Beine wieder nach vorne ausstrecken.

Wiederholungen 1-mal ausführen.

Atmung Langsam einatmen und mit der Ausatmung nach vorne klappen.

So verharren und tief in den Bauch einatmen, um die Dehnung zu verstärken. In etwaige Widerstände zur Entspannung tief hineinatmen.

Position 15 bis 30 Atemzüge halten.

Mit einem vollen Atemzug wieder aufrichten.

Ausatmen, während Sie die Beine wieder strecken.

Ziel ist eine Bewegung von innen heraus. Die Hüftgelenke müssen locker sein.

Variationen Wenn Ihr Rücken krumm wird oder die Schultern nach vorne sacken, müssen die Füße etwas vom Körper weg bewegt werden. Sie können sich auch eine gefaltete Decke oder ein flaches Kissen unterlegen, um das Becken leicht anzuheben.

Herr der Fische

Ardha Matsyendrasana

Wirkung Drehungen geben Ihrem Rücken Energie und Beweglichkeit. Die Übung regt den Kreislauf an und löst Nacken- und Schulter-Verspannungen.

Ausgangsposition Setzen Sie sich mit nach vorne gestreckten Beinen auf die Matte und legen Sie die Handflächen seitlich des Rumpfs auf den Boden.

Bewegungsablauf

1. Rechtes Bein abwinkeln, Fuß neben die linke Hüfte legen. Knie auf der Matte halten.
2. Linken Fuß außen neben das rechte Knie stellen.
3. Rechten Arm heben und mit dem Unterarm das linke Knie Richtung Brust ziehen. Die Hüften bleiben flach auf der Matte. Wirbelsäule aufrichten.
4. Oberkörper nach links drehen. Den rechten Arm strecken, Hand beim rechten Fuß ablegen. Ihr Kopf sollte sich mit dem Oberkörper drehen.
5. Dehnung lösen, zur Mitte zurückdrehen.
6. Beine wieder nach vorne ausstrecken.

Wiederholungen Übungsfolge 1-mal ausführen.

Atmung Mit 5 Atemzügen die Beine überkreuzen und das Knie zur Brust drücken.
5 Atemzüge lang drehen und Rückgrat dehnen.
3 Atemzüge lang wieder zur Mitte drehen.
Mit einem Atemzug die Beine ausstrecken.
2 Atemzüge lang der Energie im Rückgrat nachspüren.

Ziel ist, die Hüften am Boden verankert zu halten, damit das Rückgrat möglichst weit gedreht wird. Auf Symmetrie in der Bewegung achten.

Variationen Wenn Sie steife Hüften haben, können Sie einen kleinen Yogablock unterlegen, um bequemer zu sitzen.

Beindehnung im Liegen

Supta Padangusthasana

Wirkung Exzellente Übung zum Dehnen der Oberschenkelrückseite und zum Öffnen der Hüften.

Ausgangsposition Flach auf der Matte liegen, mit geschlossenen, ausgestreckten Beinen. Körper ausrichten wie im Stehen.

Bewegungsablauf

1 Ein Knie zur Brust beugen. Fuß anwinkeln und das Band in die Fußwölbung legen.

2 Bein zur Decke strecken. Beide Hüften auf dem Boden halten, das andere Bein bleibt gestreckt, die Ferse auf den Boden gepresst.

3 Bein Richtung Kopf ziehen. Für eine stabile Körpermitte Schultern nach unten drücken.

4 Dehnung lösen, Band loslassen, Bein langsam sinken lassen. Körper wieder ausrichten, dann mit dem anderen Bein üben.

Wiederholungen Übungsfolge 1-mal ausführen.

Atmung Beim Ausrichten des Körpers auf der Matte tief durchatmen.

Beim Beugen des Beins einatmen.

Beim Strecken des Beins zur Decke ausatmen.

Zur Verstärkung der Dehnung tief ein- und ausatmen.

Dehnung zehn Atemzüge lang halten.

Beim Absenken des Beins den Atem frei strömen lassen.

Ziel ist die vollständige Dehnung des Beins von der Hüfte bis zum Fuß. Damit das Bein gut gedehnt wird, muss es gestreckt sein, auch wenn der Bewegungsradius dadurch kleiner wird.

Powerübung Körpermitte Führen Sie die Übung ohne Band aus und halten Sie Ihren Fuß mit den Händen fest.

Drehung im Liegen mit überkreuzten Beinen

Jatara Parivartanasana (Variation)

Wirkung Diese Wirbelsäulendehnung mit Drehung löst Spannungen im unteren Rücken, im Nacken und den Schultern. Denn unser Körper muss täglich viele Male Drehbewegungen ausführen. Die Übung wirkt beruhigend und entspannend.

Ausgangsposition Mit gebeugten Knien und flach aufgesetzten Füßen auf der Matte liegen. Die Arme mit den Handflächen nach unten zur Seite strecken.

Bewegungsablauf

1. Das rechte Bein heben und über den linken Oberschenkel legen.
2. Hüften nach links rollen und dabei die Beine zum Boden absenken. Beide Schultern entspannt auf der Matte liegen lassen.
3. Zum Verstärken der Dehnung Kopf nach rechts drehen.
4. Hüfte und unteren Rücken wieder auf der Matte ablegen, Beine zur Mitte bringen.

Wiederholungen Eine Dehnung zu jeder Seite.

Atmung Dehnung jeweils 10 Atemzüge lang halten.

Ziel Der gleichmäßigen Spiralbewegung des Rückgrats vom Steißbein bis zum Kopf nachspüren. Sind Widerstände zu spüren, lenken Sie Ihr Bewusstsein und Ihren Atem auf die Muskeln an dieser Stelle. Versuchen Sie, die Körpermitte flüssig zu bewegen.

Variation Um die Dehnung zu verstärken und noch mehr Spannung im Rücken abzubauen, können Sie auf das obere Knie die entgegengesetzte Hand legen und es sanft zu Boden drücken.

Einfacher Ausfallschritt

Wirkung Ausfallschritte sind hervorragende Übungen für den Unterkörper. Sie stärken den Gesäßmuskel, die Muskeln an der Oberschenkelrückseite, den Quadrizeps und die Wadenmuskeln. Achten Sie beim Ausfallschritt auf die symmetrische Ausrichtung der Körpermitte und ein aufrechtes Rückgrat.

Ausgangsposition Mit geschlossenen Füßen dastehen, die Arme seitlich mit leichten bis mittelschweren Gewichten in den Händen.

Bewegungsablauf

1. Mit einem Bein einen großen Schritt vorwärts machen.
2. Beide Knie zu einem tiefen Ausfallschritt beugen, sodass die Beine etwa einen 90-Grad-Winkel bilden.
3. Mit dem Ballen des vorderen Fußes abdrücken, die Beine strecken und wieder zum Stehen mit geschlossenen Beinen kommen.

Wiederholungen 10-mal ausführen, Beine dabei wechseln.

Atmung Beim Ausfallschritt ausatmen. Beim Zurückgehen wieder einatmen.

Ziel ist eine stabile Körpermitte. Nicht zu Boden blicken oder nach vorne lehnen, sondern den Blick nach vorne richten, damit die Schultern stabil ausgerichtet bleiben. Ihr Rückgrat sollte gerade sein. Das vordere Knie darf sich nicht vor dem Fuß befinden, damit Sie die Gelenke nicht überbeanspruchen.

Variation Sie können die Übung zuerst ohne Gewichte ausführen. Wenn Haltung und Ausrichtung stimmen, können Sie Gewichte dazunehmen.

Powerübung Körpermitte Nach dem Ausfallschritt nach vorne können Sie auch den Ausfallschritt nach hinten üben. Dazu machen Sie einfach einen Schritt nach hinten. Kräftigen Sie Ihre Beine, indem Sie mehr Wiederholungen ausführen. Machen Sie 5 Ausfallschritte mit einem Bein, bevor Sie zum anderen übergehen. Trainieren Sie bis zu 10 Wiederholungen mit jedem Bein und führen Sie 3 Sätze davon aus, um die Muskelkraft zu erhöhen.

Ausfallschritt mit Bizepsbeugen

Wirkung Wenn Sie zu Ausfallschritten noch die Arme trainieren, entsteht eine perfekte Verbindung aus Konzentration und Arbeit aus der Körpermitte. Achten Sie darauf, jede Bewegung aus Ihrer Mitte durchzuführen. Spüren Sie die Ausgewogenheit der Muskelarbeit in Armen und Beinen und erhalten Sie diese Balance stets aufrecht.

Ausgangsposition Sie stehen mit geschlossenen Beinen da, in den Händen leichte bis mittelschwere Gewichte. Die Arme hängen an den Seiten herab, Handflächen zum Körper.

Bewegungsablauf

1. Machen Sie einen großen Schritt nach vorne.
2. Beide Knie zu einem tiefen Ausfallschritt beugen, sodass die Beine annähernd einen 90-Grad-Winkel bilden. Gleichzeitig die Arme bis auf Schulterhöhe nach oben bringen und im rechten Winkel beugen. Handgelenke dabei so drehen, dass die Handflächen wieder zum Körper zeigen.
3. Mit dem Ballen des vorderen Fußes wieder nach hinten abstoßen, gleichzeitig die Arme senken, und zur Ausgangsposition mit geschlossenen Beinen zurückgehen.

Wiederholungen Übung 10-mal wiederholen.

Atmung Beim Ausfallschritt und Bizepsbeugen ausatmen.
Beim Zurückgehen einatmen.

Ziel Oberarme beim Anheben und Absenken immer dicht am Körper lassen, mit den Gewichten nicht zur Seite ausweichen. Die Körpermitte bleibt während der Aufwärts-Abwärts-Bewegung stabil. Wenn Sie sich nach vorne lehnen oder mit Schwung arbeiten, üben Sie nicht mehr aus der Körpermitte.

Variation Jeweils nur mit dem Arm arbeiten, der dem vorderen Bein entgegengesetzt ist.

Powerübung Körpermitte Im Ausfallschritt bleiben und 5 Bizepsbeugen ausführen, dann zur Ausgangsposition zurück. Mit dem anderen Bein wiederholen.

Quadrizepsbeugung und -dehnung im Stehen

Wirkung Dehnübungen beugen Muskelschmerzen vor und machen die Muskeln lang und schlank. Diese Übung arbeitet mit Kraft, Dehnung und Gleichgewicht. Der Fitnessball verstärkt die Dehnung und kräftigt die arbeitenden wie die stabilisierenden Muskelgruppen.

Ausgangsposition Vor dem Fitnessball mit den Füßen in hüftbreitem Abstand hinstellen. Einen Stock als Balancierhilfe benutzen.

Bewegungsablauf

1. Ein Knie beugen und den Fuß oben auf den Ball legen. Hüften und Knie dabei in einer senkrechten Linie halten.
2. Standbein im Knie beugen. Schulter, Hüfte und Knie dabei in einer Linie halten. Nicht nach vorne lehnen oder den Stock bewegen. Er sollte stabil und vertikal stehen bleiben.
3. Standbein wieder strecken.
4. Standbein beugen und die Dehnung 5 Atemzüge lang halten.

Wiederholungen 10-mal wiederholen, dann anderes Bein üben.

Atmung Einatmen, wenn Sie den Fuß auf den Ball legen.
Beim Beugen des Knies ausatmen.
Beim Strecken des Beins einatmen.
Beim nächsten Beugen die Dehnung 5 volle Atemzüge halten.

Ziel Konzentrieren Sie sich auf die Abwärts-Aufwärts-Bewegung mit geweiteter Brust und geradem Rückgrat. Ausgerichtet bleiben und flüssig bewegen. Stock und Oberkörper nicht nach vorne kippen.

Variation Den Fuß auf einem Stuhl statt auf dem Ball ablegen.

Powerübung Körpermitte Die Übung ohne Stock ausführen. Die Arme vor dem Oberkörper ausstrecken und zentriert auf dem Standbein stehen.

Dehnung von Hüften und Beinen

Wirkung Diese Bewegung dehnt Ihre Beinmuskeln und die Hüftbeuger und stärkt die Verbindung vom Becken zu den Beinen. Die Hüftbeuger sind für Beinbewegungen zuständig und spielen eine wichtige Rolle beim Stabilisieren von Becken und unterem Rücken.

Ausgangsposition Stellen Sie sich hinter den Fitnessball, Füße in hüftbreitem Abstand.

Bewegungsablauf

1 Ein Bein über den Ball heben, Fuß davor mit gebeugtem Knie abstellen. Die Hände fassen neben den Hüften an den Ball.

2 Das andere Bein dehnen, bis es gestreckt ist und der Fuß flach auf dem Boden steht.

3 Hüften parallel in den Ball drücken und Druck wieder lösen.

4 Hüften parallel in den Ball drücken und die Ferse des hinteren Fußes bei geradem Bein Richtung Boden dehnen.

5 Knie wieder beugen, Dehnung lösen.

6 Wieder hinter den Ball stellen, Übung mit anderem Bein beginnen.

Wiederholungen Hüften 5-mal in den Ball drücken und wieder lösen. Jedes Bein 5-mal dehnen und wieder lösen.

Atmung Beim Drücken mit den Hüften ausatmen.
Beim Lösen einatmen.
Beim Herunterdrücken der Ferse ausatmen.
Beim Beugen des Knies einatmen.

Ziel Hüften nicht verdrehen, Becken in neutraler Stellung halten und beim Niederdrücken nicht kippen. Beim Niederdrücken der Ferse auf das Fußdreieck konzentrieren und den Fuß nicht zur Seite kippen. Hüfte und Knie des hinteren Beins in einer Linie halten.

Variation Übung ohne Ball durchführen, mit den Händen an einer Wand abstützen.

Powerübung Körpermitte Nach der Hüft- und Beindehnung Arme auf Schulterhöhe zur Seite ausstrecken und mit dem Oberkörper nach vorne kippen. Rücken gerade und den Kopf in einer Linie dazu halten.

The Hundred

Wirkung »Die Hundert« ist die optimale Übung zur Stärkung von Kreislauf, Atmung und tiefer liegenden Bauchmuskeln. Wird sie mit dem Pilatesband ausgeführt, trainiert man den Körper gegenläufig: Die Körpermitte bleibt stabil, während sich Arme und Beine entgegengesetzt strecken.

Ausgangsposition Auf dem Rücken auf die Matte legen. Knie anwinkeln, Füße flach aufsetzen. Zehen, Knöchel und Knie zusammenbringen. Hände in die äußeren Taschen des Bands stecken, Handgelenke dabei stabil halten. Band während der ganzen Übung gespannt halten.

Bewegungsablauf

1. Kopf und Schultern von der Matte heben und die Arme Richtung Knie strecken. Schulterblätter dabei nach hinten und unten ziehen.
2. Mit einer kräftigen Kontraktion der tiefen Muskeln Oberkörper und Band in Richtung Knie pumpen. Atmung dem Bewegungsrhythmus anpassen: Bei 5 Pumpbewegungen einatmen, und bei 5 wieder ausatmen. Insgesamt 20-mal pumpen.
3. Beine langsam zum 90-Grad-Winkel anheben. Mit den Pumpbewegungen Richtung Knie fortfahren. Das Atemmuster für 20 weitere Bewegungen beibehalten.
4. Beine langsam senkrecht zur Decke strecken und die nächsten 20 Pumpbewegungen in Richtung der Zehen ausführen.
5. Arme in Verlängerung des Kopfes nach hinten führen und die nächsten 20 Pumpbewegungen über dem Kopf ausführen.

6 Beine absenken, bis sie diagonal vom Körper weg in die Luft ragen und weitere 20 Male hinter dem Kopf pumpen. Dann die Beine so weit wie möglich zum Boden senken, ohne dass das Rückgrat vom Boden abhebt, und die Übung mit dem letzten Satz von 20 Bewegungen beenden. Kopf und Arme langsam ablegen, Beine wieder anwinkeln, Füße abstellen.

Wiederholungen Einmaliges Ausführen der Bewegungsfolge reicht aus.

Atmung Auf 5-mal synchron zu den Pumpbewegungen einatmen, auf 5-mal wieder ausatmen. Wenn Ihnen das schwer fällt, können Sie auch auf 2-mal einatmen und auf 3-mal wieder ausatmen. Verwenden Sie einen vollen Atemzug, um Kopf, Arme und Beine wieder abzusenken.

Ziel ist die Stabilisierung der Körpermitte, während der Brustkorb sich dehnt und wieder zusammenzieht. Ihr Bauch muss nach innen gewölbt sein und der Rücken flach auf der Matte liegen bleiben, auch wenn Sie die Arme über den Kopf nehmen und die Beine senken. Während der ganzen Übung sollten Sie Ihren Rücken auf der Matte spüren, Schultern nach hinten ziehen und Bauchmuskeln in Spannung halten.

Variation Vielleicht müssen Sie die Knie gebeugt lassen, um den Rücken gerade und flach auf dem Boden zu halten. Verringern Sie die Anzahl der Wiederholungen, wenn sich Ihr Nacken oder der untere Rücken verkrampft. Der Übergang von einer Position in die nächste muss präzise ausgeführt werden und der Rücken darf sich nicht von der Matte heben.

Rolling Like A Ball

Wirkung Durch die Übung »Rollen wie ein Ball« wird die natürliche Ausrichtung des Rückgrats wiederhergestellt. Das Pilatesband hilft, die Rundung des Rückens aufrechtzuerhalten, und stellt sicher, dass die Wirbel sanft nacheinander auf der Matte abgerollt werden, wie die Speichen eines Rades. Ihr Rückgrat wird massiert und gestärkt.

Ausgangsposition Setzen Sie sich auf die Matte. Stecken Sie die Füße in die mittlere und die Hände in die äußeren Taschen des Bands. Stellen Sie die Beine angewinkelt auf, heben Sie die Füße vom Boden und nehmen Sie die Knie etwa schulterbreit auseinander. Die Füße bleiben zusammen. Spannen Sie die Bauchmuskeln fest an und runden Sie den Rücken. Verlängern Sie die Rundung des Rückens mit dem Kopf, indem Sie ihn Richtung Knie beugen.

Bewegungsablauf

1. Die Körperhaltung beibehalten und auf der Matte sehr langsam mit Körperkontrolle und Präzision zurückrollen, sodass ein Wirbel nach dem anderen die Matte berührt.
2. Rollen Sie nur bis zu den Schulterblättern zurück, niemals bis zum Nacken. Dann wieder bis zum Sitzen hochrollen, immer mit gerundetem Rücken.

Wiederholungen Übung 5-mal wiederholen.

Atmung Beim Zurückrollen einatmen.
Beim Hochrollen ausatmen.

Ziel Durch das Auseinanderziehen der Wirbel wird das Rückgrat beweglicher gemacht. Die Übung streckt und massiert den Rücken. Die Spannung Ihrer Bauchmuskeln sollte Ihnen völlige Kontrolle über Ihre Bewegung geben. Der Körper darf nicht durch

ruckartige Beinbewegungen zurück- und wieder hochgebracht werden.

Variation Wenn Ihnen das Rollen Schwierigkeiten bereitet, können Sie das Band auch unter den Waden platzieren.

Um die Übung ohne Band durchzuführen, müssen Sie die Hände außen an Ihre Fußknöchel legen. Beim Rollen die Körperkontrolle behalten. Nie mit Schwung arbeiten, da sonst die Wirkung der Arbeit aus der Körpermitte verloren geht.

Powerübung Körpermitte Noch anstrengender wird die Übung, wenn Sie die Hände in die Taschen direkt neben den Füßen stecken. Dann Hände auf die Schienbeine legen und zurückrollen, ohne den Abstand von Schultern und Knie zu verändern.

Single Leg Stretch

Wirkung Die gegenläufige Bewegung, das aufliegende Rückgrat bei Beugung und Streckung des Beins und die Übereinstimmung von Atem und Bewegung – all das ist bei dieser Übung gefragt.

Ausgangsposition Mit aufliegendem Rückgrat und ausgestreckten Beinen hinlegen. Hände so in die Taschen stecken, dass ihr Abstand etwas mehr als schulterbreit ist. Ein Knie beugen, Bein zur Brust bewegen. Den oberen Rücken und Kopf anheben und das Band Richtung Füße führen.

Bewegungsablauf

1. Das gestreckte Bein auf Hüfthöhe anheben, Rückgrat flach auf der Matte lassen.
2. Das Knie Richtung Schulter drücken. Dabei die oberen Bauchmuskeln anspannen und Schultern Richtung Knie heben.
3. Bein wieder strecken, anderes Bein beugen. Arme über den Kopf nach oben strecken.

Wiederholungen Übung 10-mal mit wechselnden Beinen wiederholen.

Atmung Einatmen, wenn Sie das Band Richtung Knie führen.

Beim Anheben der Arme über den Kopf ausatmen.

Ziel Drücken Sie die Bauchmuskeln Richtung Rückgrat und den Rücken flach auf die Matte. Die Dehnung des Beins vom Körper weg spüren, ohne das Bein abrupt zu bewegen.

Variation Wer das Rückgrat nicht flach auf der Matte halten kann, muss die Füße höher heben.

Powerübung Körpermitte Je weiter Sie die Füße absenken, desto schwieriger wird es, die Wirbelsäule flach auf der Matte liegen zu lassen.

Double Leg Stretch

Wirkung Die »Dehnung mit beiden Beinen« (und Armen) vom Körper weg verhilft Ihnen zu vollkommener Stabilität der Körpermitte, wenn Sie Schultern und Hüften dabei auf der Matte verankern.

Ausgangsposition Mit aufliegendem Rückgrat und ausgestreckten Beinen hinlegen. Hände so in die Taschen des Pilatesbandes stecken, dass ihr Abstand etwas mehr als schulterbreit ist. Knie beugen und Beine zur Brust ziehen. Oberen Rücken und Kopf anheben und das Band Richtung Füße bringen. Rückgrat dabei flach auf der Matte halten.

Bewegungsablauf

1. Knie Richtung Brust und Schultern ziehen. Obere Bauchmuskeln dabei anspannen und die Arme mit zwei kleinen rhythmischen Bewegungen Richtung Knie pumpen.
2. Die Beine diagonal nach oben strecken. Arme dabei hinter den Ohren ausstrecken.

Wiederholungen Übung 10-mal wiederholen.

Atmung Auf 2-mal einatmen, wenn das Band Richtung Knie geführt wird.

Ausatmen, wenn die Arme über dem Kopf ausgestreckt werden.

Ziel ist es, Arme und Beine möglichst flach über dem Boden auszustrecken, ohne die Ausrichtung der Körpermitte aufzugeben. Machen Sie sich von den Fingerspitzen bis zu den Zehen lang, als ob sie auseinander gezogen würden.

Variation Wenn Sie die Beine Richtung Decke strecken, können Sie den Rücken leichter flach auf der Matte halten.

Side-Kicks-Serie

Wirkung »In Seitenlage kicken«, eine Serie aus vier Übungen, soll die Beinmuskeln gleichzeitig dehnen, kräftigen und strecken. Die Hüften werden beweglicher und die Hüftmuskeln gestärkt. Alle vier Übungen in Folge ausführen, dann das Bein wechseln.

Ausgangsposition An den hinteren Rand der Matte auf eine Seite legen. Rücken und Hüften sollen eine gerade Linie bilden, Schultern und Hüften jeweils genau übereinander sein. Hände in die äußeren Taschen des Pilatesbandes stecken. Den unteren Arm nach oben ausstrecken, Kopf darauf legen. Den oberen Arm Richtung Decke führen, bis das Band gespannt ist. Füße zum vorderen Mattenrand bringen, sodass die Beine einen Winkel zum Körper bilden. Schultern und Hüften die ganze Übung durch ausgerichtet und stabil halten.

Bewegungsablauf: Spitze hoch/Ferse tief

1 Fußspitze des oberen Beins strecken und Bein so hoch wie möglich heben, ohne Hüfte oder Bein nach vorne oder hinten zu kippen. Fuß beim Heben mit gestreckter Spitze parallel zum Boden halten.
2 Fuß anwinkeln und das Bein wieder auf das andere absenken. Es muss dabei aus der Hüfte so weit gestreckt werden, dass es länger als das Bein auf der Matte ist. Fuß dabei angewinkelt lassen.

Wiederholungen Übung 10-mal wiederholen.

Atmung Beim Heben des Beins einatmen.
Beim Senken des Beins ausatmen.

Bewegungsablauf: Schwenken/Kicken

1 Oberes Bein auf Hüfthöhe anheben, bis es parallel zum Boden ist.
2 Bein möglichst weit nach vorne schwenken, ohne das Band über dem Kopf zu bewegen. Vor dem Körper zweimal mit dem Bein kicken.
3 Bein wieder zurückschwenken, dabei immer in Hüfthöhe halten.

Wiederholungen Übung 10-mal wiederholen.

Atmung Beim Dehnen des Beins auf 2-mal einatmen.
Beim Zurückschwenken ausatmen.

Fortsetzung Side-Kicks-Serie

Bewegungsablauf: Radfahren

1 Knie vor dem Körper in Hüfthöhe abwinkeln. Bein dabei parallel zum Boden halten.
2 Bein vor dem Körper auf Hüfthöhe ausstrecken, dabei von der Hüfte bis zu den Zehen dehnen.
3 Bein so weit wie möglich nach hinten schwenken. Dabei Körpermitte stabil und das Bein parallel zum Boden halten. Wenn es hinten angekommen ist, Bein von der Hüfte bis zu den Zehen dehnen.
4 Bein anwinkeln und vor den Körper führen. Von vorne beginnen.
5 Übung umgekehrt durchführen: Bein aus der hinteren Position gerade nach vorne schwenken.

Wiederholungen 5-mal nach vorn, 5-mal nach hinten treten.

Atmung Jeder Kreis sollte zwei volle Atemzüge beanspruchen.

Bewegungsablauf: Beinschläge

1 Oberes Bein so weit wie möglich anheben, ohne dass das Knie nach oben gedreht oder die Ausrichtung der Hüften aufgegeben wird. Bein nach hinten dehnen, beide Beine dabei gestreckt lassen.
2 Fußspitze strecken und das Bein mit vier kleinen, kräftigen Bewegungen Richtung Boden schlagen.
3 Fuß anwinkeln und die vier Schläge wiederholen.

Wiederholungen 5 Sätze in jeder Fußposition durchführen, dazwischen Fußposition immer wechseln.

Atmung Bei zwei Schlägen einatmen, bei zwei ausatmen.

Ziel Bei der ganzen Serie sollen die Körpermitte-Muskeln den Rumpf stabilisieren, während Sie mit Schultern, Hüften und Beinen arbeiten. Die Bewegungen müssen präzise sein und aus der Mitte kommen. Wenn der obere Arm wackelt, ist die Mitte nicht mehr stabil.

Variation Senken Sie den oberen Arm und legen Sie die Hand zum Abstützen vor der Brust auf die Matte.

Powerübung Körpermitte Kopf leicht anheben und die ganze Übungsserie durch auf einer Linie mit dem Rückgrat halten.

Krokodil mit gebeugten Knien

Jarthara Parivartanasana

Wirkung Diese Stellung lockert den unteren Rücken, Taille und Brust. Sie regt den Kreislauf an und baut seelischen wie körperlichen Stress ab.

Ausgangsposition Mit aufgestellten Füßen und gebeugten Knien auf dem Rücken auf die Matte legen. Die Arme seitlich vom Körper wegstrecken, Handflächen nach unten.

Bewegungsablauf

1. Die Knie zur Brust ziehen, dabei den unteren Rücken in die Matte sinken lassen.
2. Beine nach einer Seite auf den Boden ablegen. Lockern Sie jede Verspannung, die Sie im Körper fühlen. In die Dehnung von der Hüfte zur Brust und den Schultern hineinspüren.
3. Den Kopf behutsam in die Gegenrichtung drehen.
4. Knie wieder zur Körpermitte nehmen.
5. Bewegung zur anderen Seite hin wiederholen.

Wiederholungen Übung einmal zu jeder Seite durchführen.

Atmung Beim Hochnehmen der Knie zur Brust einatmen.

Während des Absenkens der Knie zur Seite vollständig ausatmen.

3 volle Atemzüge lang in der Stellung bleiben.

Beim Anheben der Knie 1-mal ein- und ausatmen.

Ziel ist, die Schultern unten zu halten, um die Dehnung zwischen Schultern und Brust zu verstärken. Mit jeder Ausatmung die Beine schwerer werden und Spannung aus dem Körper weichen lassen.

Variation Bequemer wird die Übung, wenn man eine gefaltete Decke unter die Knie legt.

Drehung im Sitzen

Bharadvajasana

Wirkung Diese Übung entspannt, verbessert die Atmung, öffnet die Brust und erfrischt den Geist.

Ausgangsposition Auf die Matte setzen, Knie zur linken Seite abwinkeln, Füße ganz nah zur rechten Hüfte ziehen. Den rechten Fuß in die untere Wölbung des linken Fußes legen. Aufrichten, sodass die Wirbelsäule gestreckt ist.

Bewegungsablauf

1. Oberkörper nach links drehen.
2. Den rechten Arm vor dem Körper nach links führen, Hand auf dem linken Knie ablegen.
3. Linken Arm nach hinten strecken, Hand am Boden aufsetzen.
4. Wieder zur Mitte zurückdrehen.

Wiederholungen 3-mal ausführen und Seite wechseln.

Atmung Beim Drehen ein- und ausatmen. Die Dehnung 3 volle Atemzüge lang halten. Mit einem vollen Atemzug wieder zur Mitte drehen.

Ziel Hüften und Schultern beim Drehen jeweils auf gleicher Höhe halten. Der Kopf dreht mit dem Rückgrat mit. Rechte Hüfte auf der Matte verankern und nicht nach rechts lehnen. Nicht den Brustkorb kippen oder den oberen Rücken beugen.

Variation Drehen Sie nur so weit, dass Ihre Körpermitte ausgerichtet bleibt.

Powerübung Körpermitte Bei der Drehung zur linken Seite, linken Arm heben und quer über den Rücken zum rechten Arm greifen. Dann Hand auf den Boden legen. Diese Bewegung 3-mal wiederholen.

Kopf-zu-Knie-Stellung

Wirkung Diese Dehnbewegung nach vorne öffnet die Brust und dehnt gleichzeitig den unteren Rücken, die Muskeln auf der Oberschenkelrückseite und die Waden. Vorwärtsbeugen machen das Rückgrat biegsamer und die Gelenke beweglicher. Für Anfänger ist ein Theraband hilfreich.

Ausgangsposition Mit gerade nach vorne gestreckten Beinen und aufrechter Wirbelsäule auf die Matte setzen. Das Band mit beiden Händen halten.

Bewegungsablauf

1. Ein Bein anwinkeln und den Fuß so weit oben an die Oberschenkelinnenseite des anderen Beins legen, dass es bequem ist. Das gebeugte Knie entspannt zu Boden sinken lassen.
2. Das Band um den Fuß des gestreckten Beins legen und den Fuß anwinkeln.
3. Wirbelsäule lang machen und nach oben dehnen. Das Bein dabei gestreckt halten.
4. Mit geradem Rücken in den Hüften nach vorne kippen und den Oberkörper Richtung Bein dehnen.
5. Jetzt den Oberkörper über dem Bein rund machen, vom Becken über den unteren Rücken bis zum oberen Rücken und Kopf.
6. Rücken flüssig zurück in die sitzende Position hochrollen.

Wiederholungen Übung 1-mal pro Seite ausführen.

Atmung Vor dem Dehnen 1-mal ein- und ausatmen.

Für 3 Atemzüge in der Vorwärtsdehnung bleiben. Während Sie den Rücken runden 5-mal ein- und ausatmen.

Beim Aufsetzen einen vollen Atemzug ausführen.

Ziel Halten Sie das gestreckte Bein gerade, ohne das Kniegelenk ganz durchzustrecken. Konzentrieren Sie sich eher darauf, sich lang und rund zu machen, als sich Richtung Knie zu ziehen. Die Dehnung sollte aus Hüfte und Becken kommen, und der Rumpf nicht auf das Bein sinken. Drehen Sie das ausgestreckte Bein nicht nach außen; Fuß und Knie sollten zur Decke zeigen. Lassen Sie die Dehnung aus der Körpermitte kommen, anstatt mit den Armen zu ziehen. Entspannen Sie sich, damit Ihr Rückgrat sich ganz strecken kann. Lassen Sie jeden Widerstand weichen, den Sie spüren.

Variation Setzen Sie sich auf eine eingerollte Decke, um sicherzustellen, dass die Dehnung von Hüften und Beinen ausgeht und nicht vom unteren Rücken.

Powerübung Körpermitte Legen Sie statt des Bands Ihre Hände um Ihren Fuß. Wollen Sie die Dehnung verstärken, umfassen Sie hinter dem Fuß mit einer Hand das Handgelenk der anderen. Am stärksten wird die Dehnung, wenn Sie mit Ihrer Nase das ausgestreckte Bein berühren, sodass Sie so flach wie möglich über dem ausgestreckten Bein zu liegen kommen.

Programm 2

Dynamisches Krafttraining

Mit diesem innovativen Workout aus verschiedenen Fitnessmethoden bringen Sie Ihre Körpermitte in Form. Sie werden dabei mit allen dafür wichtigen Muskelgruppen arbeiten, nämlich denen an Bauch und Rücken, Hüften und Beinen. Der Schwerpunkt liegt dabei auf der Integration dieser Muskeln, nicht auf ihrer Isolation.

Der Berg

Tadasana

Wirkung Diese Stellung ist die Basis für alle Yogaübungen im Stehen. Sie verhilft Ihnen zu Gleichgewicht und einer besseren Körperhaltung. Eine ideale Übung, um sich zu »zentrieren«.

Körperhaltung

1. Die Fußmitte vorne am Fußdreieck sollte sich auf einer Linie mit Ferse und Knöchel befinden.
2. Oberschenkel und Hüften müssen senkrecht über den Fußgelenken stehen.
3. Oberkörper lang machen, Schultern leicht nach unten drücken und Brust anheben.
4. Ganz gerade nach vorne blicken.
5. Fühlen Sie die Lotrechte durch Ihren Körper vom Kopf über Brust und Hüften bis zu den Füßen.

Atmung 10 Atemzüge lang konzentriert in diesem Gleichgewicht der Kräfte stehen bleiben.

Ziel ist eine dauerhafte Verbesserung Ihrer Haltung. Das Becken darf nicht gekippt und der untere Rücken nicht gekrümmt werden.

Variation Wenn Sie unsicher stehen, können Sie die Füße hüftbreit auseinander nehmen.

Der Baum

Vrksasana

Wirkung Diese Stellung kräftigt die Füße und fördert Gleichgewicht und Konzentration.

Ausgangsposition In Berg-Stellung hinstellen (siehe linke Seite).

Bewegungsablauf

1. Ein Knie beugen, Fuß hochnehmen und innen an den Oberschenkel des anderen Beins legen. Die Zehen zeigen nach unten. Hüften öffnen und das Bein zur Körperseite dehnen. Das Becken bleibt waagerecht.
2. Arme diagonal zur Seite strecken oder Handflächen über dem Kopf aneinander legen.
3. Bein wieder abstellen (Berg-Stellung).
4. Übung mit dem anderen Bein wiederholen.

Wiederholungen Übung pro Seite 1-mal ausführen.

Atmung Beim Anheben des Beins ausatmen.
Beim Heben der Arme einatmen.
5 volle Atemzüge lang in der Stellung verharren.

Ziel Achten Sie darauf, dass die Hüfte sich nicht mit dem Bein hebt. Öffnen Sie die Hüfte, sodass sich das Knie seitlich zum Körper befindet. Brustbein gerade und Schultern locker halten.

Vorwärtsbeuge im Stehen

Uttanasana

Wirkung Diese Stellung dehnt den unteren Rücken, die Oberschenkelrückseiten und Waden. Lockern Sie ganz bewusst Wirbelsäule und Nacken. Die einfache Dehnübung beruhigt und verschafft ein Gefühl allgemeinen Wohlbefindens. Sie können Sie zu Anfang oder Ende Ihres Übungsprogramms durchführen oder wann immer Sie verspannt sind, weil Sie zu lange in einer Haltung waren.

Ausgangsposition Stellen Sie sich mit geschlossenen Füßen oder, wenn das für Sie einfacher ist, mit den Füßen in hüftbreitem Abstand hin. Die Arme hängen locker an den Seiten herab.

Bewegungsablauf

1. Dehnen Sie den Oberkörper aus der Hüfte heraus über die Oberschenkel hinweg nach unten.
2. Legen Sie Ihre Hände vor Ihren Füßen flach auf den Boden, sodass die Finger parallel zu den Zehen liegen.
3. Bleiben Sie im Gleichgewicht und über die Füße »geerdet« stehen. Richten Sie sich dann flüssig und mit langem Rücken wieder auf.

Wiederholungen Übung 1-mal ausführen.

Atmung Beim Vorwärtsbeugen ausatmen.
5 ruhige Atemzüge lang nach unten dehnen.
Beim Hochkommen einatmen.

Ziel Bauch nach innen gewölbt halten, sodass zu den Oberschenkeln ein wenig Raum bleibt. Lassen Sie alle Spannung aus dem Körper weichen. Nicht nach vorne auf die Hände oder nach hinten auf die Fersen lehnen. Hüfte und Oberkörper halten sich während der Dehnung im Gleichgewicht. Die Hüften stehen gerade über den Fersen und der Kopf bleibt in einer Linie mit dem Rückgrat.

Variation Sie können auch mit einem Block vor den Füßen üben. Dehnen Sie sich nach vorne und legen Sie die Hände auf den Block. Er sollte direkt unter Ihren Schultern liegen.

Powerübung Körpermitte Legen Sie Ihre Unterarme hinten an die Waden und versuchen Sie, Ihren Kopf so weit wie möglich Richtung Knie zu bringen, ohne diese zu beugen.

Dreieck 1

Trikonasana

Wirkung Diese Stellung dehnt Ihre Beine, öffnet die Hüften und stärkt die schrägen Bauch- und die Rückenmuskeln.

Ausgangsposition Mit weit gegrätschten Beinen hinstellen.

Bewegungsablauf

1. Strecken Sie beide Arme seitlich aus.
2. Den rechten Fuß leicht nach innen drehen. Bein und Fuß links nach außen zur Seite drehen.
3. Dehnen Sie den Körper so weit wie möglich nach links, ohne sich nach vorne zu lehnen, und legen Sie die linke Hand auf das linke Bein.
4. Den rechten Arm zur Decke strecken, dabei mit langem Rückgrat aus der Brust nach oben dehnen und die obere Hand ansehen.
5. Kopf drehen und wieder geradeaus nach vorne blicken. Von unten beginnend die Muskeln aktivieren, bis Sie wieder aufrecht dastehen.

Wiederholungen Stellung auf jeder Seite 1-mal üben.

Atmung Beim Heben der Arme einatmen.
Beim Dehnen nach unten ausatmen.
3 volle Atemzüge lang in der Stellung verharren.
Oberkörper mit einer Einatmung wieder heben.

Ziel Die Bewegung muss aus der Hüfte kommen, die Schultern dürfen nicht nach vorne rollen.

Powerübung Körpermitte Die Hand nicht auf das Bein, sondern hinter dem Fuß auf den Boden legen.

Dreieck 2

Utthita Parsvakonasana

Wirkung Die Übung macht die Hüften und Oberschenkelrückseiten beweglicher.

Ausgangsposition Mit weit gegrätschten Beinen hinstellen.

Bewegungsablauf

1 Arme zur Seite strecken.
2 Den rechten Fuß leicht nach innen drehen. Bein und Fuß links nach außen zur Seite drehen.
3 Linkes Knie zu einem tiefen Ausfallschritt beugen.
4 Rückgrat nach oben verlängern. Den Körper weit nach links dehnen, ohne sich dabei nach vorne zu lehnen. Linke Hand auf das linke Bein oder den linken Fuß legen.
5 Den rechten Arm zur Decke strecken, dabei aus der Brust dehnen, Wirbelsäule lang machen und die obere Hand ansehen.
6 Kopf drehen und wieder geradeaus nach vorne blicken. Von unten beginnend die Muskeln aktivieren, bis Sie wieder aufrecht dastehen.

Wiederholungen Stellung auf jeder Seite 1-mal ausführen.

Atmung Beim Heben des Arms einatmen.
Bei der Dehnung zur Seite ausatmen.
3 volle Atemzüge in der Stellung verharren.
Oberkörper mit einer Einatmung wieder heben.

Ziel Die Bewegung muss aus der Hüfte kommen, die Schultern dürfen nicht nach vorne rollen.

Seitwärtsbeuge im Stehen

Wirkung Diese schöne Dehnungsübung bringt Ihre Taille in Form und mobilisiert die schrägen Bauchmuskeln. Wie tief Sie kommen, hängt von der Beweglichkeit Ihrer Körpermitte ab, die sich mit zunehmender Übung verbessert.

Ausgangsposition Stellen Sie sich mit aneinander stoßenden Fersen und auseinander weisenden Zehen hin, wie bei der ersten Position im Ballett. Verankern Sie Ihre Füße fest am Boden und strecken Sie die Knie nicht ganz durch.

Bewegungsablauf

1. Arme über den Kopf heben und Handflächen zusammendrücken. Arme gerade halten.
2. Oberkörper nach oben verlängern. Die Dehnung erfolgt von der Hüfte bis zum Brustkorb.
3. Aus der Hüfte heraus nach einer Seite beugen. Beide Hüften zeigen weiter gerade nach vorne.
4. Richtung Wand dehnen, nicht zum Boden.
5. Wieder in die Ausgangsposition zurückkommen, dann nach der anderen Seite dehnen.

Wiederholungen Bewegung 3-mal pro Seite wiederholen, Seiten dabei wechseln.

Atmung Beim Heben der Arme einatmen.
Bei der Seitwärtsbeuge ausatmen.
Wieder einatmen und mit der nächsten Ausatmung noch weiter zur Seite dehnen.
Noch zweimal mit der Ausatmung tiefer in die Dehnung gehen.
Beim Anheben des Rumpfs 1-mal ein- und ausatmen.

Ziel ist es, die Seite zu dehnen, ohne dabei die Hüften oder Schultern zu verdrehen. Schultern nicht hochziehen oder nach vorne rollen. Kopf in einer Linie mit dem Rückgrat halten. Die Arme bleiben zentriert seitlich der Ohren. Bei allen Seitwärtsbeugen sollte erst der Rumpf aus der Hüfte heraus verlängert werden, ehe man mit der Bewegung zur Seite beginnt. So wird verhindert, dass Sie in Ihre Hüften hineinsinken und der Radius der Dehnung zur Seite vermindert wird.

Nacken- und Schulterdehnung

Wirkung Auch bei Menschen mit grundsätzlich guter Haltung ist die Wirbelsäule auf Höhe der Schultern oft nicht korrekt ausgerichtet. Denken Sie daran: Ihre Wirbelsäule endet nicht im Nacken oder unten am Schädel, sondern reicht bis auf Nasenhöhe. Ein nach vorne gereckter Kopf erhöht den Druck auf die Halswirbelsäule und vermindert die Blutzufuhr zum Kopf. Fehlhaltungen der oberen Wirbelsäule werden mit dieser Übung korrigiert.

Ausgangsposition Mit den Füßen in hüftbreitem Abstand hinstellen. Die Hände in die äußeren Taschen des Pilatesbands stecken. Arme seitlich des Körpers hängen lassen. Die Schultern sollten bei Übungsbeginn genau über den Hüften stehen und nicht nach vorne fallen.

Bewegungsablauf

1. Eine Hand hinten an den Oberschenkel legen. Den anderen Arm seitlich des Körpers anheben. Kinn nach vorne zur Brust beugen.
2. Den Kopf über die eine Schulter drehen, bis das Kinn parallel zum Boden steht. Gegenschulter nach unten drücken.
3. Kopf 10-mal mit einer kleinen Bewegung zur Seite drehen.
4. Das Kinn wieder zur Brust drehen.

Wiederholungen Bewegungsmuster 3-mal zu jeder Seite ausführen.

Atmung Einatmen, wenn Sie das Kinn zur Brust beugen.
Ausatmen, wenn Sie das Kinn über die Schulter drehen.
Bei den kleinen Kopfbewegungen 2-mal ein- und ausatmen.
Mit einem vollen Atemzug das Kinn zur anderen Seite bringen.

Ziel ist es, die Nackenmuskeln auf beiden Seiten zu verlängern, Symmetrie herzustellen und den Muskeltonus zu verbessern.

Variation Führen Sie die Übung ohne Band nach langen Telefongesprächen am Schreibtisch durch.

Seitwärtsbeuge mit Kreuzgriff

Wirkung Viele unserer alltäglichen Bewegungen sind einseitig und führen zur Dominanz einer Körperseite. Diese Übung soll die Balance der Muskeln auf beiden Seiten Ihrer Körpermitte wiederherstellen.

Ausgangsposition Mit gegrätschten Beinen hinstellen. Die Hände in die äußeren Taschen des Pilatesbandes stecken. Arme über den Kopf heben und Band spannen.

Bewegungsablauf

1. Den Oberkörper zu einer Seite dehnen, Schultern und Hüften dabei jeweils in einer geraden Linie halten.
2. Die untere Hand vor dem Körper zur anderen Seite bringen. Schultern aufrecht und den Kopf in einer Linie mit dem Rückgrat halten.
3. Arm wieder zur Seite schwingen. Bewegung 5-mal ausführen.
4. Das Band über dem Kopf vom Körper wegdrücken. Dehnung wieder lösen. 5-mal wiederholen.
5. Band wieder spannen und zum aufrechten Stehen hochkommen.

Wiederholungen Übungsmuster 4-mal ausführen, Seiten dabei wechseln.

Atmung Bei der Seitwärtsbewegung ein- und ausatmen, Dehnung 2 volle Atemzüge lang halten.
Einatmen, wenn Sie den Arm vor dem Körper zur anderen Seite bringen.
Ausatmen, wenn Sie den Arm zurückschwingen.
In die Dehnung hineinatmen, wenn das Band weggedrückt wird.
Beim Lösen der Dehnung wieder ausatmen.
Beim Wiederaufrichten 1-mal ein- und ausatmen.

Ziel Für einen optimalen Trainingseffekt müssen Schultern und Hüften stabil sein. Wenn Rücken oder Knie schmerzen, haben Sie Schultern oder Hüften verdreht. Nur so weit seitwärts dehnen, dass die Ausrichtung der Körpermitte erhalten bleibt.

Standing Roll-down

Wirkung Das »Abrollen im Stand« richtet alle Muskeln der Körpermitte aus. Sie können entweder Ihr Programm damit beenden oder die Übung ausführen, wenn Sie das Bedürfnis haben, Körper oder Geist »zurechtrücken« zu müssen.

Ausgangsposition Mit den Füßen in hüftbreitem Abstand hinstellen. Körpergewicht gleichmäßig auf die Fußdreiecke verteilen. Gelenke zentrieren und Schultern und Hüften symmetrisch ausrichten. Kopf in eine Linie mit dem Rückgrat bringen.

Bewegungsablauf

1. Arme gerade nach oben strecken.
2. Arme langsam in Richtung Boden senken, Kopf, Nacken und Schultern folgen lassen.
3. Weiter nach unten rollen, dabei die Wirbelsäule dehnen, als würde ein Wirbel nach dem anderen von einer imaginären Wand abgezogen. Das Steißbein sollte weiterhin zum Boden zeigen, der Nabel ist zur Wirbelsäule gezogen, die Bauchmuskeln sind angespannt. Drücken Sie die Schultern von den Ohren weg und rollen Sie, soweit Sie das bei korrekter Ausrichtung der Mitte können, nach unten ab.
4. Langsam wieder nach oben rollen, als würde Wirbel für Wirbel an eine Wand gelegt.

Wiederholungen Übung 3-mal wiederholen.

Atmung 4 tiefe Atemzüge lang nach vorne abrollen. Am Höhepunkt der Dehnung ein- und ausatmen. 4 tiefe Atemzüge lang wieder nach oben rollen.

Ziel ist, während der Bewegung die ausgerichtete Körperhaltung beizubehalten und gesunde Bewegungsmuster für die Muskeln zu entwickeln.

Variation Übung an der Wand durchführen. Ihre Füße sollten dabei etwa 25 cm von der Wand entfernt sein. Rücken und Schultern drücken Sie gegen die Wand. Rollen Sie den Oberkörper Wirbel für Wirbel nach unten, als beugten Sie sich über einen riesigen Ball. Halten Sie das Steißbein an die Wand gedrückt. Rollen Sie langsam wieder nach oben, machen Sie dabei Ihre Wirbelsäule lang und arbeiten Sie tief aus der Körpermitte.

The Saw

Wirkung »Die Säge« ist eine Dehnübung mit Drehung, die Ihre Taillen- und Rückenmuskeln mobilisiert. Die hinteren Oberschenkelmuskeln werden gedehnt und Verspannungen im unteren Rücken abgebaut.

Ausgangsposition Mit weit gegrätschten Beinen auf der Matte sitzen. Hände in die äußeren Taschen des Pilatesbandes stecken, Band straffen.

Bewegungsablauf

1. Band über den Kopf heben.
2. Fußspitzen anziehen. Über das rechte Bein hinweg dehnen, bis die linke Hand jenseits des rechten Fußes ist. Hüften verankert halten.
3. Zu »sägen« beginnen, indem Sie das Band einmal mit Schulter und Arm der rechten Seite nach hinten ziehen, dann mit dem linken Arm wieder in Richtung der rechten Zehen ziehen. 10-mal sägen.
4. Mit rundem Rücken wieder zur Mitte hochrollen, Arme über den Kopf heben. Übung nach der anderen Seite wiederholen.

Wiederholungen Übung 2-mal wiederholen.

Atmung Beim Anheben des Bands einatmen.
Bei der Dehnung über die Beine ausatmen.
Bei den Sägebewegungen 2-mal ein- und ausatmen.
Mit einem vollen Atemzug wieder hochrollen.

Ziel Die Hüften sollten zu Boden gedrückt, die Bauchmuskeln nach innen und oben gezogen und der Kopf in einer Linie mit dem Rückgrat sein.

Variation Können Sie mit gestreckten Beinen nicht gerade sitzen, dürfen Sie ein Knie etwas anwinkeln. Dehnen Sie sich über das gestreckte Bein und strecken Sie das andere nach und nach.

Open Leg Rocker

Wirkung Das »Rollen mit gestreckten Beinen« verhilft zu einer kräftigen und stabilen Körpermitte und mobilisiert Bauch- und Rückenmuskeln.

Ausgangsposition Mit gebeugten Knien auf die Matte setzen, Füße in die Taschen neben der Mitteltasche des Pilatesbandes stecken und nach außen ziehen, um das Band zu spannen. Hände in die äußeren Taschen stecken. Beine Richtung Decke strecken, sodass Ihr Körper ein schlankes V bildet.

Bewegungsablauf

1 Mit rundem Rücken und gestreckten Armen bis auf die Schulterblätter zurückrollen. Die Beine parallel zum Boden über den Kopf strecken. Kopf in Verlängerung des Rückgrats über der Matte halten, sodass die Bewegung nicht vom Kopf bewirkt werden kann.

2 Wieder in die **Ausgangsposition** zurückrollen.

Wiederholungen 5-mal wiederholen.

Atmung Beim Zurückrollen einatmen.
Beim Hochrollen ausatmen.

Ziel Beim Zurück- und Hochrollen Körperhaltung beibehalten und Arme gestreckt lassen, sodass der Abstand zwischen Schultern und Beinen in jeder Position gleich ist. So stellen Sie sicher, dass die Bewegung aus der Körpermitte kommt und Sie nicht nur die Beine schwingen.

Variation Zur Erleichterung die Füße auf das Band legen, anstatt sie in die Taschen zu stecken.

Powerübung Körpermitte Füße in die Mitteltasche und Hände in die Taschen daneben stecken. Je geringer der Abstand zwischen den Händen ist, desto schwieriger wird die Bewegung.

Roll-over

Wirkung Die (halbe) »Rolle rückwärts« mobilisiert die tiefste Schicht Ihrer Bauchmuskeln und massiert die Wirbelsäule. Versuchen Sie, ganz kontrolliert einen Wirbel nach dem anderen auf der Matte abzulegen.

Ausgangsposition Auf dem Rücken liegend die Füße in die Mitteltasche des Pilatesbandes stecken. Die Hände kommen mit den Handflächen nach innen in die äußeren Taschen.

Bewegungsablauf

1. Beine zur Decke strecken, dabei auch die Arme ausstrecken. Bauchmuskeln anspannen und Steißbein von der Matte hochrollen. Die unteren Bauchmuskeln ein- und den Nabel Richtung Rückgrat ziehen.
2. Mit gestreckten Armen weiter nach hinten rollen und dabei Wirbel für Wirbel kontrolliert von der Matte heben, bis die Beine über dem Kopf parallel zum Boden stehen. Während des Rollens mehrmals tief durchatmen.
3. Wieder vorrollen und einen Wirbel nach dem anderen auf die Matte ablegen. Band als Widerstand benutzen und Arme gestreckt halten. Tief atmen und Wirbelsäule auf der ganzen Länge in die Matte drücken. Steißbein ablegen und Füße wieder zur Decke strecken.

Wiederholungen Übung 5-mal wiederholen.

Atmung Beim Strecken der Beine zur Decke einatmen.

Beim Anspannen der Bauchmuskeln ausatmen. Weiter tief durchatmen, während Sie zurück und wieder vorrollen.

Ziel ist, die Bewegung völlig kontrolliert auszuführen. Werfen Sie Ihre Füße nicht über den Kopf, sondern heben Sie den Rücken mithilfe der Muskeln der

Körpermitte nach und nach vom Boden ab und legen Sie ihn Wirbel für Wirbel wieder ab. Zur Stabilisierung des Oberkörpers die Arme gestreckt halten. Ellbogen nicht Richtung Brust beugen. Füße über dem Kopf parallel zum Boden halten und nicht nach unten fallen lassen. Die Rollbewegung darf nicht mit Schwung ausgeführt werden, sondern entsteht durch die Kraft aus der Körpermitte, die zusammen mit der flüssigen Bewegung die Dehnung der Wirbelsäule bewirkt.

Variation Wenn Sie die Beine nicht mit der Muskelkraft aus der Körpermitte über den Kopf heben können, Zehen Richtung Kopf strecken und mit dem Band dagegen ziehen, um die Dehnung zu verstärken. Bauchmuskeln anspannen, Bauch nach innen wölben und Steißbein vom Boden heben. Steißbein wieder auf die Matte drücken und das Ganze wiederholen. Jedes Mal ein wenig weiter hochkommen.

The Teaser

Wirkung Bei der wohltuenden, herausfordernden Übung »Wagenrad« ist der ganze Körper an der Ausführung beteiligt. Bewegung, die aus der Mitte kommt und sich dann in Kopf und Nacken, Arme und Beine fortsetzt, formt unseren Körper zu einer Einheit.

Ausgangsposition Auf die Matte legen und die Füße in die Mitteltasche des Pilatesbandes stecken. Hände in die äußeren Taschen stecken, Handflächen zeigen nach innen.

Bewegungsablauf

1. Beine zur Decke strecken, Arme ausstrecken. Den Oberkörper von der Matte hochrollen, Beine dabei senken. Arme gestreckt, Schultern gesenkt und Bauchmuskeln angespannt halten.
2. Die Arme zu den Seiten öffnen. Oberkörper Richtung Beine rollen, Beine dabei höher heben, bis Ihr Körper ein V bildet.
3. Tief einatmen und den Oberkörper zurückrollen, von den Beinen weg. Beine dabei angehoben lassen. Mit starker Bauchmuskelspannung den Rücken auf die Matte drücken.
4. Wieder in die V-Stellung hochrollen und die Arme zur Seite hin öffnen. Das Abrollen des unteren Rückens einige Male wiederholen. Zum Abschluss der Übung den Oberkörper abrollen und die Beine senken.

Wiederholungen Übung 5-mal wiederholen.

Atmung Einatmen, wenn Sie die Beine in Richtung Decke strecken.

Ausatmen, wenn Sie den Oberkörper von der Matte hochrollen.

Einatmen, wenn Sie die Arme öffnen, und wieder ausatmen, wenn Sie den Rumpf Richtung Beine rollen.

Tief durchatmen, wenn Sie zurück auf die Matte rollen.

Ziel Ziehen Sie den Nabel während der ganzen Übung in Richtung Rückgrat und drücken Sie das Steißbein in die Matte. Kommen Sie nicht ruckartig hoch, sondern rollen Sie langsam nach und nach aufwärts. Drücken Sie den unteren Rücken dabei auf die Matte und schaukeln Sie nicht auf dem Steißbein hin und her. Heben Sie die Brust und machen Sie die Wirbelsäule lang, um die Dehnung zu verstärken.

Variation Heben Sie sich nur so weit hoch, dass Sie keine Spannung in Nacken und Schultern verspüren. Behalten Sie die korrekte Ausrichtung der Körpermitte bei und passen Sie den Bewegungsradius entsprechend an, um die Muskeln Ihrer Körpermitte maximal zu beanspruchen.

Powerübung Körpermitte Roll-over (S. 88–89) und Teaser nacheinander ausgeführt, ergeben eine dynamische Bewegungskombination.
Fordern Sie Ihre Körpermitte zusätzlich, indem Sie in der Wagenrad-Stellung die Beine senken und wieder anheben. Oberkörper dabei still halten und Beine 5-mal senken und heben.

The Swan

Wirkung Die Streckübung »Der Schwan« führt dazu, dass Ihre Rückenmuskulatur gestärkt und die Wirbelsäule beweglicher wird.

Ausgangsposition Bäuchlings mit der Stirn auf der Matte hinlegen. Arme nach vorne strecken, Füße in hüftbreitem Abstand, Fußsohlen zeigen nach oben.

Bewegungsablauf

1. Kopf, Hals und Schultern anheben und Arme in Richtung Körper ziehen.
2. Schulterblätter nach unten drücken, den Nacken lang machen und die Brust vom Boden abheben.
3. Oberkörper langsam wieder ablegen und dabei von den Hüften bis zum Brustkorb in die Länge dehnen. Zuletzt Schultern und Kopf auf die Matte legen.

Wiederholungen Übung 5-mal wiederholen.

Atmung Oberkörper während eines vollen Atemzugs anheben.
Dehnung einen vollen Atemzug lang halten.
Mit dem dritten Atemzug den Oberkörper wieder ablegen.

Ziel Beim Anheben die Muskeln in der Rückenmitte aktivieren. Die Bauchmuskeln zur Unterstützung nach innen ziehen. Nacken und mittlere Wirbelsäule dürfen nicht gekrümmt werden, sondern das ganze Rückgrat muss in die Länge gezogen werden.
Die Bewegung von der Körpermitte aus kontrollieren. Das verhindert, dass Sie sich mit den Armen hochstemmen und dadurch Druck auf den unteren Rücken ausüben.

Swimming

Wirkung Beim »Schwimmen« findet die Bewegung zwar in Armen und Beinen statt, die dazu nötige Kraft kommt aber vorwiegend aus den Muskeln der Körpermitte. Um die Bewegung im ganzen Körper kontrollieren zu können, müssen Schultern und Becken stabil gehalten werden.

Ausgangsposition Mit dem Gesicht nach unten auf die Matte legen. Hände so in das Pilatesband stecken, dass sie etwas weiter auseinander sind als Ihre Schultern. Die Füße in hüftbreitem Abstand leicht nach außen drehen.

Bewegungsablauf

1. Arme auf Augenhöhe bringen, Beine ebenfalls leicht anheben.
2. Mit Armen und Beinen kleine Paddelbewegungen ausführen. Immer ein Arm und das entgegengesetzte Bein bewegen sich gleichzeitig nach oben. Dabei besonders die Aufwärtsbewegung mithilfe der Rücken- und Armmuskeln betonen.

Wiederholungen 30 kleine Paddelbewegungen ausführen.

Atmung 5 Schläge lang einatmen, 5 Schläge lang ausatmen.

Ziel Arme und Beine stets angehoben halten und den Schwerpunkt auf die Aufwärtsbewegung legen. Weder den Nacken krümmen, noch die Schultern hochziehen. Schulterblätter von den Ohren wegziehen, Band gespannt halten.

Variation Wenn Sie die Kontrolle aus der Körpermitte nicht lange halten können, mit einer verminderten Anzahl von Schlägen beginnen.

Powerübung Körpermitte Mit zunehmender Übung Anzahl der Bewegungen auf 50 erhöhen.

Seitwärtsdehnung im Knien

Wirkung Diese Übung dehnt die schräge Bauchmuskulatur und bringt die Taille in Form. Die Ausrichtung der Körpermitte verstärkt die Muskelarbeit und gibt den Gelenken während der Bewegung Stabilität.

Ausgangsposition Mit den Beinen in hüftbreitem Abstand auf die Matte knien. Hände in die äußeren Taschen des Pilatesbandes stecken. Nach einer Seite dehnen und die Hand auf den Boden legen. Andere Hand über den Kopf führen und das Band senkrecht vom Boden in Richtung Decke spannen. Das entgegengesetzte Bein strecken, die innere Fußkante auf den Boden legen. Schultern und Hüften müssen in eine Linie gebracht und während der ganzen Übung stabil gehalten werden.

Bewegungsablauf

1 Ziehen Sie das Band in Richtung Decke.
2 Zug lösen und das Band in Richtung Boden bewegen, dabei den Arm über dem Kopf halten.
3 Band wieder Richtung Decke ziehen.

Wiederholungen Bewegung 5-mal wiederholen.

Atmung Einatmen, wenn Sie das Band nach oben ziehen.
Ausatmen, wenn Sie den Zug lösen.
Einatmen, wenn Sie das Band in Richtung Boden bewegen.
Ausatmen, wenn Sie das Band Richtung Decke ziehen.

Ziel ist, die Beweglichkeit und Kraft im Oberkörper zu verbessern und die Taille in Form zu bringen.

Variation Auf den Boden setzen, Knie auf einer Seite des Körpers beugen, Füße dicht zum Becken heranziehen. Das obere Bein auf dem Boden ausstrecken. Oberkörper zur Gegenseite dehnen und die Übung in dieser veränderten Haltung ausführen.

Powerübung Körpermitte Wenn Sie keinen Zug auf das Band ausüben, das gestreckte Bein mit einem vollen Atemzug heben und senken.

Seitbeugen im Stehen mit Bizepsbeugen über Kreuz

Wirkung Diese Übung formt die Taille und überträgt die Arbeit der Körpermitte auf die Arme, sodass die Verbindungen im Körper gestärkt werden.

Ausgangsposition Mit etwas mehr als hüftbreitem Abstand der Füße hinstellen. Gewichte in den Händen halten.

Bewegungsablauf: Seitbeugen im Stehen

1. Zu einer Seite dehnen, dabei den gegenüberliegenden Arm beugen und das Gewicht an der Körperseite entlang nach oben heben.
2. Gewicht wieder senken, Rumpf aufrichten.
3. Bewegung zur anderen Seite wiederholen.
4. Dieses Muster 2-mal ausführen.

Bewegungsablauf: Bizepsbeugen über Kreuz

1. Ellbogen beugen und Gewicht vor dem Körper zur gegenüberliegenden Schulter führen.
2. Arm wieder senken, die Handfläche zeigt dabei nach innen.
3. Bewegung mit dem anderen Arm wiederholen.
4. 10-mal mit wechselndem Arm ausführen.

Wiederholungen 3 Sätze des gesamten Übungsmusters ausführen.

Atmung Bei der Seitbeuge ein- und ausatmen. Beim Aufrichten ebenfalls ein- und ausatmen. Ausatmen, wenn Sie das Gewicht heben. Einatmen, wenn Sie das Gewicht zur Seite senken.

Ziel Spüren Sie, wie Arme und Beine über die Körpermitte »zentriert« sind und wie die korrekte Ausrichtung von Hüften und Schultern Haltung und Bewegung beeinflusst.

Gerade zur Seite dehnen. Die Schultern dürfen sich nicht verdrehen. Die Gewichte direkt an der Körperseite entlang nach oben führen.

Bei den Bizepsbeugen den Ellbogen eng an der Taille halten und die Hand so weit wie möglich über die Brust nach oben führen.

Variation Wenn Sie keinen kompletten Satz ausführen können, reduzieren Sie das Gewicht und die Anzahl der Wiederholungen.

Powerübung Körpermitte Wenn Sie mühelos 3 Sätze schaffen, können Sie schwerere Gewichte verwenden.

Seitbeugen und Seitheben im Stehen

Wirkung Die korrekte Ausrichtung der Gelenke ermöglicht optimale Bewegung. Ihr Schultergürtel muss sich in neutraler Stellung befinden, darf weder hochgezogen, noch nach unten oder vorne gedrückt sein. Wenn Sie diese Ausrichtung während der ganzen Übungsfolge aufrechterhalten, ist für die Muskelbalance gesorgt und keine Muskelgruppe wird zuungunsten einer anderen übermäßig beansprucht.

Ausgangsposition Mit den Füßen in etwas mehr als hüftbreitem Abstand hinstellen, in den Händen Ihre Gewichte.

Bewegungsablauf: Seitbeugen im Stehen

1. Zu einer Seite dehnen, dabei den gegenüberliegenden Arm beugen und das Gewicht an der Körperseite entlang nach oben heben.
2. Gewicht wieder senken, Rumpf aufrichten.
3. Bewegung zur anderen Seite wiederholen.
4. Dieses Muster 2-mal ausführen.

Bewegungsablauf: Seitheben

1. Einen Arm bis zur Waagrechten heben.
2. Arm wieder senken, Handfläche nach innen.
3. Bewegung mit dem anderen Arm wiederholen.
4. Beide Arme zur Waagrechten heben.
5. Beide Arme wieder senken.
6. 5 Sätze Seitheben durchführen.

Wiederholungen 3 Sätze des gesamten Musters ausführen.

Atmung Bei der Seitbeuge ein- und ausatmen. Beim Aufrichten ebenfalls ein- und ausatmen. Ausatmen, wenn Sie das Gewicht heben. Einatmen, wenn Sie das Gewicht wieder senken.

Ziel Gerade zur Seite dehnen. Die Schultern dürfen sich nicht verdrehen. Die Gewichte direkt an der Körperseite entlang nach oben führen.
Beim Seitheben mit dem weniger dominanten Arm beginnen, um Ausgewogenheit zu erreichen.

Variation Wenn Sie keinen kompletten Satz ausführen können, reduzieren Sie das Gewicht und die Anzahl der Wiederholungen.

Powerübung Körpermitte Wenn Sie mühelos 3 Sätze ausführen, können Sie schwerere Gewichte verwenden.

Deltamuskel-Flyings

Wirkung Der Deltamuskel-Fly stärkt die Rückseite Ihrer Schultern und die oberen Rückenmuskeln. Die Haltung wird verbessert und die Muskeln der Körpermitte zur Unterstützung der Armmuskeln mobilisiert. Wenn Sie sich dabei über einen Fitnessball legen, vermeiden Sie, Ihren Rücken zu krümmen.

Ausgangsposition Den Oberkörper beginnend mit dem Bauch über den Fitnessball legen. Die Füße stehen in hüftbreitem Abstand am Boden, die Knie sind gebeugt. Mit den Gewichten in den Händen die Seiten des Balls umarmen. Behalten Sie die Ausrichtung der Körpermitte bei und lassen Sie weder Schultern noch Hüften in den Ball sinken. Stabilisieren Sie die Körpermitte und aktivieren Sie alle Muskeln, um den Ball ruhig zu halten.

Bewegungsablauf

1 Beide Arme seitlich bis auf Schulterhöhe anheben.

2 Arme weit nach außen dehnen und wieder zum Ball absenken.

Wiederholungen 10-mal Arme heben und senken.

Atmung Beim Heben der Arme ausatmen.
Beim Senken der Arme einatmen.

Ziel Achten Sie darauf, die Arme nicht zu überstrecken. Ellbogen beim Anheben leicht beugen und die Schulterblätter zusammenführen. Beim Absenken den Rücken in die Breite dehnen. Den Kopf unten und in einer Linie mit dem Rückgrat halten.

Variation Wenn Ihre Schultern schwach sind, sollten Sie den Bewegungsradius verringern und leichtere Gewichte verwenden. Sie wollen ein Kraftsystem von innen aufbauen, nicht die Verbindungen im Körper abschneiden.

Powerübung Körpermitte 3 Bewegungssätze ausführen.

Crunches mit Armstrecken

Wirkung Die Verwendung von Gewichten beim Armstrecken als Ergänzung zu den Crunches zeigt schnell, ob Sie mogeln und während der Bewegung die Ausrichtung der Körpermitte vernachlässigen. Ziehen Sie den Nabel bei angespannten Bauchmuskeln während der ganzen Übung nach innen.

Ausgangsposition Mit gebeugten Knien und aufgestellten Füßen in hüftbreitem Abstand auf die Matte setzen. Mit den Gewichten in den Händen die Arme beugen und die Gewichte vor den Brustkorb bringen. Die Handflächen zeigen zum Körper, die Ellbogen stehen seitlich vom Körper ab.

Bewegungsablauf

1. Bauchmuskeln anspannen und Wirbel für Wirbel nach hinten bis zu den Schulterblättern abrollen. Dabei die Arme auf Brusthöhe nach vorne ausstrecken.
2. Arme seitlich des Körpers ausstrecken.
3. Arme vor der Brust ausstrecken.
4. Wieder zum Sitzen hochrollen, Arme dabei wieder langsam beugen und die Gewichte an den Brustkorb drücken.

Wiederholungen Übung 5-mal wiederholen.

Atmung Während eines vollen Atemzugs auf der Matte abrollen.
Beim Öffnen der Arme einatmen.
Beim Zusammenbringen der Arme ausatmen.
Mit einem vollen Atemzug wieder hochrollen.

Ziel ist Präzision in der Bewegung. Legen Sie jeden einzelnen Wirbel kontrolliert auf der Matte ab und breiten Sie die Arme langsam aus. Stellen Sie sich beim Hochrollen vor, dass Ihre Bauchmuskeln vor den Gewichten, die sich ihnen nähern, zurückweichen.

Variation Rollen Sie nur so weit ab, dass die Rundung der Wirbelsäule und die Anspannung der Bauchmuskeln aufrechterhalten bleibt. Wenn Ihre Bauchmuskeln sich nach vorne wölben, ist das Becken nicht mehr korrekt ausgerichtet und der Rücken wird zu stark belastet.
Arme nicht ausstrecken, sondern die Gewichte beim Ab- und Hochrollen auf dem Brustkorb halten.
Powerübung Körpermitte 4-mal in der abgerollten Haltung die Arme strecken, ehe Sie wieder hochrollen. Etwa 2 Zentimeter hochrollen, Position halten und Übung ausführen. Wieder abrollen und das Armstrecken wiederholen. Etwa 4 Zentimeter hochrollen und Übung ausführen. Dieses Muster beibehalten und dabei jeweils 2 Zentimeter weiter hochrollen. Die korrekte Ausrichtung und die tiefe Bauchmuskelspannung aufrechterhalten.

Diagonale Crunches mit Armstrecken

Wirkung Die Rumpfdrehung bei dieser Übung verbessert die Beweglichkeit der Wirbelsäule und mobilisiert die schrägen Muskeln, die sich an Ihren Körperseiten entlangziehen.

Ausgangsposition Mit gebeugten Knien und aufgestellten Füßen in hüftbreitem Abstand auf die Matte setzen. Ein Gewicht so in die Hände nehmen, dass die Handflächen zueinander zeigen. Arme beugen und das Gewicht an den Brustkorb drücken. Die Ellbogen stehen seitlich vom Körper ab.

Bewegungsablauf

1. Bauchmuskeln anspannen. Wirbel für Wirbel nach hinten bis zu den Schulterblättern abrollen. Arme auf Brusthöhe nach vorne ausstrecken.
2. Oberkörper zu einer Seite drehen, dabei bei angespannten Bauchmuskeln die Arme vom Rumpf wegstrecken.
3. Arme beugen und das Gewicht langsam zur Brust ziehen.
4. Arme wieder seitlich ausstrecken.
5. Arme und Oberkörper wieder zur Mitte zurückdrehen.
6. Wieder von der Matte hochrollen, Arme dabei langsam beugen und Gewicht zum Brustkorb bringen.
7. Übung wiederholen und dabei zur anderen Seite drehen.

Wiederholungen Übung 6-mal wiederholen.

Atmung Mit einem vollen Atemzug auf die Matte abrollen.

Bei der Seitdrehung einatmen.

Ausatmen und die Arme zur Brust bringen.

Einatmen und Arme wieder seitlich ausstrecken.

Ausatmen und wieder zur Mitte zurückkommen.

Mit einem vollen Atemzug wieder zum Sitzen hochrollen.

Ziel Bei der Seitdrehung die Ausrichtung des Beckens nicht verändern und Hüften verankert lassen. Auch die Schulterausrichtung beibehalten. Die Bewegung muss aus der Körpermitte kommen. Sie sollten die Drehung in der Taille spüren, nicht in den Schultern. Ihre obere Schulter sollte auf Höhe des Ohrs bleiben und das Brustbein sollte nicht absinken. Konzentrieren Sie sich darauf, mithilfe des Atems die Intensität des Armstreckens zu verstärken.

Variation Sie können die Übung auch ohne Gewicht durchführen. Kreuzen Sie die Arme dann über der Brust und legen Sie die Hände jeweils vorne an die gegenüberliegende Schulter. Verzichten Sie auf das Armstrecken und konzentrieren Sie sich darauf, die Drehung in der Körpermitte zu spüren.

Powerübung Körpermitte In abgerollter Haltung 4-mal die Arme strecken, ehe Sie wieder hochrollen. Mit zunehmendem Fortschritt mehr Wiederholungen durchführen und schwerere Gewichte verwenden.

Die Kobra

Bhujangasana

Wirkung Die Kobra-Stellung öffnet Ihre Brust und dehnt die Rückenmuskeln – der ideale Ausgleich nach langem Sitzen. Die Übung kräftigt die langen Muskeln im Rücken und zwischen den Schulterblättern.

Ausgangsposition Bäuchlings mit der Stirn am Boden hinlegen. Beine schließen, Fußspitzen strecken. Hände mit den Handflächen auf dem Boden unter die Schultern legen. Die gebeugten Ellbogen dicht am Körper halten.

Bewegungsablauf

1. Schulterblätter nach unten ziehen, weg von den Ohren, Kopf und Brust von der Matte heben.
2. Brust nach oben bringen, Rücken dabei vom Becken bis zum Oberkopf dehnen.
3. Körpervorderseite wieder nach und nach auf den Boden drücken. Rückgrat beim Senken lang lassen.

Wiederholungen Die Kobra 2-mal ausführen.

Atmung Während der Dehnung ein- und ausatmen. 3 volle Atemzüge in Kobra-Stellung verharren. Oberkörper mit einer Einatmung und einer tiefen Ausatmung wieder absenken.

Ziel Sie müssen sich aus der Körpermitte anheben, nicht durch Pressen mit den Armen. Ziehen Sie sich mit den Rückenmuskeln hoch und unterstützen Sie mit den Armen die Dehnung. Nacken nicht krümmen oder Kopf zurückwerfen. Die Dehnung ist eine Vorwärts- und Aufwärtsbewegung.

Variation Sanfter wird die Dehnung, wenn Sie die Unterarme unter den Schultern auf den Boden legen und den Nabel auf der Matte lassen, um die Dehnung im oberen Rücken zu verstärken.

Der Bogen

Dhanurasana

Wirkung Der Bogen ergänzt die Kobra (s. links) durch eine tiefe Dehnung der Oberschenkelvorderseite und öffnet ebenfalls die Brust. Die Dehnung der Körpervorderseite regt die Verdauung an.

Ausgangsposition Bäuchlings auf die Matte legen, Füße in kleinem Abstand, sodass die Beine parallel liegen. Die Hände an den Körperseiten ablegen, Handflächen nach oben.

Bewegungsablauf

1. Ein Knie beugen, den Fuß zum Körper bringen. Arm der gleichen Seite heben, Fuß festhalten.
2. Mit dem anderen Bein und Arm genauso verfahren.
3. Rumpf und Knie anheben und dabei gleichmäßig aus der Mitte dehnen. Becken in die Matte drücken, um die Aufwärtsbewegung weiter zu verstärken.
4. Knie absenken, Füße loslassen und Oberkörper wieder entspannt auf die Matte legen.

Wiederholungen Bogen-Stellung 3-mal ausführen.

Atmung Während eines Atemzugs die Füße fassen. Bei der Dehnung nach oben ein- und ausatmen. Die Stellung 3 volle Atemzüge lang halten. Mit vollem Atemzug aus der Stellung lösen.

Ziel ist, den Rumpf vom Becken bis zum Kopf zu dehnen und die Oberschenkel dabei möglichst weit von der Matte zu heben. Die Arme Richtung Decke bringen, ohne dabei die Beine hochzuziehen. Die Muskelarbeit muss aus Ihrer Mitte kommen.

Variation Legen Sie sich eine zusammengerollte Decke unter die Hüften. Nach hinten greifen, ein Knie beugen und den Fuß mit der Hand fassen. Loslassen, mit dem anderen Bein wiederholen. Dabei beide Beine fassen. Knie bleiben am Boden.

Beckenheben mit Fitnessball

Wirkung Hier wird das Zusammenspiel Ihrer Wirbel getestet. Kommt die Bewegung nicht aus Ihrer Körpermitte, rollt der Fitnessball fort.

Ausgangsposition Auf den Boden legen, Knie beugen und Füße in hüftbreitem Abstand oben auf den Fitnessball legen. Arme seitlich vom Körper auf Schulterhöhe wegstrecken, Handflächen zeigen nach unten.

Bewegungsablauf

1. Rückgrat vom Steißbein bis zu den Schulterblättern Wirbel für Wirbel vom Boden hochrollen. Dabei die Beine strecken und den Ball vom Körper wegrollen.
2. Wieder abrollen und den Rücken nach und nach auf den Boden drücken. Dabei Knie wieder beugen, Ball zum Körper herziehen.

Wiederholungen Übung 5-mal wiederholen.

Atmung Mit 2 vollen Atemzügen nach oben rollen. Gestreckte Position 1 Atemzug lang halten. Beim Abrollen 2-mal ein- und ausatmen.

Ziel ist die Kontrolle aus der Körpermitte. Lassen Sie Ihre Wirbel spielen, entsprechend der flüssigen Bewegung des Balls. Beide Hüften gleichmäßig hochrollen, Rücken nicht krümmen. Der Rumpf sollte symmetrisch ausgerichtet bleiben.

Variation Füße auf den Boden stellen, ohne Ball hochrollen. Oder legen Sie den Ball ein paar Zentimeter von der Wand entfernt ab. So kann er nicht wegrollen, wenn Sie sich in der ausgestreckten Haltung befinden.

Powerübung Körpermitte Zur Verstärkung der Muskelarbeit der Körpermitte können Sie die Knie beim Hoch- und Abrollen gebeugt lassen. Beinstellung nicht verändern und Ball völlig ruhig halten.

Bein-Twist

Wirkung Diese Übung öffnet die Hüften und mobilisiert die Muskeln an Bauch und Oberschenkelinnen- und -außenseite.

Ausgangsposition Auf den Boden setzen, nach hinten lehnen und mit den Unterarmen auf dem Boden abstützen. Zwischen den Knöcheln der ausgestreckten Beine den Ball halten. Die Bauchmuskeln anspannen und den unteren Rücken in den Boden drücken.

Bewegungsablauf

1. Beine mit dem Ball in einer Diagonalen zur Decke anheben.
2. In einer Drehung aus der Hüfte ein Bein Richtung Brust führen, während das andere in einer Kreisbewegung vom Rumpf weggeführt wird.
3. Gegenläufige Kreisbewegung ausführen.

Wiederholungen Übung 10-mal wiederholen.

Atmung Bei jedem Kreisen einen ganzen Atemzug ausführen.

Ziel Ihr Becken darf nicht kippen. Ziel sollte sein, bei jeder Kreisbewegung ein Bein leicht abzusenken und dabei die Kontrolle aus den Bauchmuskeln und dem Becken beizubehalten.

Variation Zum Erlangen der korrekten Beckenausrichtung Beine weiter oben halten und die Anzahl der Wiederholungen reduzieren. Die Oberschenkelinnenseiten zusammenpressen, um den Fitnessball fest im Griff zu haben.

Beinheben in Brettposition

Wirkung Bei dieser Bewegung wird getestet, wie stabil Ihre korrekte Beckenhaltung ist. Es fordert Körperbewusstsein und Konzentration, den Ball mithilfe Ihrer Mitte stabil zu halten.

Ausgangsposition Auf dem Rücken liegen und Füße mit gestreckten Beinen oben auf den Ball legen. Arme in Schulterhöhe zur Seite strecken, Handflächen nach unten.

Bewegungsablauf

1. Rückgrat Wirbel für Wirbel vom Steißbein bis zu den Schulterblättern vom Boden hochrollen. Beine dabei gerade und Ball stabil halten.
2. Ein Bein zur Decke strecken, das andere dabei ebenfalls gestreckt und beide Hüften in einer Waagrechten halten. Bein senken, den Ball kurz berühren. Bewegung mit einem Fuß 5-mal ausführen. Der Ball darf sich nicht bewegen.
3. Übung mit dem anderen Bein ausführen.
4. Wieder einen Wirbel nach dem anderen auf den Boden drücken, Beine dabei gerade und Ball stabil halten.

Wiederholungen Übung 2-mal wiederholen.

Atmung Mit zwei Atemzügen hochrollen.
Ausatmen, wenn Sie Ihr Bein heben.
Einatmen, wenn Sie Ihr Bein senken.
Zum Abrollen 2-mal ein- und ausatmen.

Ziel ist die Stabilität des Beckens. Sie dürfen Ihre Hüften beim Hoch- und Abrollen nicht kippen.

Variation Legen Sie den Ball an eine Wand, bis Sie die Hüften beim Beinheben ruhig halten können.

Powerübung Körpermitte Beine abwechselnd heben. Das Körpergewicht dabei nicht von einer Seite auf die andere verlagern.

Beinstrecken

Wirkung Diese Übung verbessert Ihre Bauchmuskelkontrolle und zeigt, wie die Muskeln der Körpermitte alle Bewegungen unterstützen.

Ausgangsposition Auf den Boden setzen, zurücklehnen und auf den Unterarmen abstützen. Ball zwischen die Fußknöchel nehmen. Bauchmuskeln anspannen und den unteren Rücken zu Boden drücken.

Bewegungsablauf

1. Ball vom Boden heben und Knie beugen, sodass die Unterschenkel waagerecht sind.
2. Beine Richtung Decke strecken.
3. Knie wieder beugen.
4. Beine bei stabiler Körpermitte so tief über dem Boden wie möglich ausstrecken.

Wiederholungen Übung 10-mal wiederholen.

Atmung Beim Beugen der Knie einatmen.
Beim Strecken der Beine zur Decke ausatmen.
Beim Beugen der Knie einatmen.
Beim Vorwärtsstrecken der Beine ausatmen.

Ziel Das Becken darf beim Strecken der Beine nicht kippen. Das verlangt eine gute Kontrolle über die Bauchmuskeln. Brust erhoben halten, nicht in Ellbogen oder Schultern hineinsinken.

Variation Die Beine beim zweiten Strecken höher halten, damit das Becken stabil bleibt. Anzahl der Wiederholungen reduzieren. Unterstützen Sie die Beinarbeit mithilfe der Muskeln Ihrer Körpermitte.

Programm 3

Körpermitte-Intensivtraining

Dieses abwechslungsreiche Programm ist eine echte Herausforderung für die Fortgeschrittenen im Körpermitte-Fitnesstraining. Durch Übungen mit hohem Energieaufwand, dynamische Bewegungsfolgen und vertiefte Atemarbeit werden Sie bald präziser trainieren und anspruchsvolle Fitnessziele erreichen.

Imprint auf dem Fitnessball

Wirkung Wenn Sie den »Rückenabdruck« auf dem Fitnessball ausführen, massiert das Ihre Wirbelsäule und aktiviert die Bauchmuskeln. Lassen Sie die Wirbel nacheinander »wie die Speichen eines Rades« auf den Ball treffen, um ihr Zusammenspiel zu verbessern.

Ausgangsposition Setzen Sie sich mit den Füßen in hüftbreitem Abstand auf den Ball. Legen Sie die Hände seitlich vom Körper auf den Ball.

Bewegungsablauf

1. Die Arme vor der Brust auf Schulterhöhe ausstrecken. Bauchmuskeln anspannen, die Füße vom Ball wegwandern lassen und einen Wirbel nach dem anderen in den Ball drücken.
2. Mit den Füßen weiterwandern, bis Kopf, Nacken und Schultern auf dem Ball aufliegen.
3. Rücken gerade und Hüften oben halten und in die Dehnung hineinatmen.
4. Mit den Füßen wieder Richtung Ball wandern und dabei Wirbel für Wirbel vom Ball hochrollen und zum Sitzen kommen.

Wiederholungen Übung 3-mal durchführen.

Atmung 3 Atemzüge lang wegwandern.
In der Dehnung 2-mal ein– und ausatmen.
Während 3 Atemzügen wieder zum Sitzen hochkommen.

Ziel Die Hüften dürfen sich während der ganzen Übung nicht senken. Der Rücken soll in der Dehnung in die Länge gezogen werden. Ausrichtung der Mitte heißt, dass sich Ihr Becken nicht senkt, wenn es den Ball verlässt.

Variation Nur so weit wegwandern, dass Sie die Hüften oben halten können.

The Swan mit Fitnessball

Wirkung Erinnern Sie sich, wie beweglich Sie als Kind waren? Rollen, Sich-Drehen und Springen in alle Richtung war niemals ein Problem. Mit zunehmendem Alter wird unser Rückgrat immer steifer. Streckübungen wie der »Schwan« mit dem Fitnessball lockern den verspannten Rücken und führen zu einer verbesserten Ausrichtung der Wirbelsäule.

Ausgangsposition Bäuchlings über den Ball legen und das Becken in den höchsten Punkt des Balls drücken. Beine nach hinten ausstrecken und auf Hüftbreite auseinander nehmen. Um mehr Stabilität zu erlangen, die Zehen aufstellen. Die Hände direkt unter den Schultern auf den Ball legen.

Bewegungsablauf

1. Schulterblätter von den Ohren weg nach unten drücken und den Rumpf anheben. Arme strecken und auch den Nabel vom Ball heben.
2. Becken, Taille und Brust behutsam wieder auf dem Ball ablegen. Schultern, Nacken und Kopf entspannt hängen lassen.

Wiederholungen Bewegung 5-mal wiederholen.

Atmung Mit einem vollen Atemzug Rumpf anheben. Mit einem vollen Atemzug Rumpf wieder senken.

Ziel ist, in der Dehnung das Rückgrat zu strecken – nicht etwa den Rücken zu krümmen. Achten Sie darauf, den Kopf in einer Linie mit dem Rückgrat zu halten, sodass der Blick nach vorne gerichtet und die Bewegung fließend ist.

Variation Ihr Körper ist stabiler, wenn Sie auf dem Boden knien oder die Beine weiter auseinander nehmen.

Rückgratdehnung und -drehung

Wirkung Diese Wohlfühlübung macht Ihren Rücken geschmeidiger und entspannt nach langen Stunden im Auto oder am Schreibtisch.

Ausgangsposition Vor den Fitnessball mit gebeugten Knien hinsetzen, Fußsohlen auf dem Boden, Knie und Füße jeweils etwa in hüftbreitem Abstand. Ball hinten an beiden Seiten mit den Händen festhalten.

Bewegungsablauf: Rückgratdehnung

1 Arme auf Schulterhöhe nach vorne strecken. Mit Kopf, Nacken und Schultern über den Ball dehnen. Langsam den Rumpf über den Ball legen und die Beine dabei strecken. So weit wie möglich nach hinten dehnen, bis die Beine ganz gestreckt sind. Arme senkrecht zur Decke strecken.

2 Wieder vom Ball rollen, Knie beugen und zum Sitzen kommen.

Bewegungsablauf: Drehung

Nach dreimaligem Dehnen des Rückgrats Drehung hinzufügen:

1 Auf den Ball zurückrollen und Beine ganz strecken. Eine Handfläche seitlich auf den Boden legen.

2 So drehen, dass Sie die Hand ansehen, andere Hand darauf legen.

3 Über die Schulterblätter hinaufrollen, oberen Arm zur Decke strecken.

4 Andere Hand vom Boden nehmen und ebenfalls zur Decke strecken.

5 Drehung zur anderen Seite wiederholen.

Wiederholungen 3 Rückgratdehnungen ausführen.
4 Drehungen ausführen, Seiten dazwischen wechseln.

Atmung Mit 3 Atemzügen auf den Ball rollen.
Mit 3 Atemzügen wieder hinunterrollen.
Beim Einatmen die Hand auf den Boden legen.
Beim Ausatmen den anderen Arm darüber legen.
Beim Einatmen den oberen Arm wieder zur Decke strecken.
Beim Ausatmen den zweiten Arm zur Decke strecken.

Ziel ist eine gleichmäßige Dehnung auf beiden Körperseiten. Arbeiten Sie zuerst zur schwächeren Seite hin.

Variation Sie können beim Hochrollen den Ball weiter festhalten.

Liegestütze mit Beinschlägen

Wirkung Während die Muskeln Ihrer Körpermitte aktiv bleiben, kräftigen Push-ups (Liegestütze) Ihre Arme und kleine Schläge Ihre Beine.

Ausgangsposition Bäuchlings auf den Fitnessball legen. Beine zusammennehmen und bis in die Fußspitzen strecken. Hände auf den Boden legen und damit vorwärtsgehen, bis die Oberschenkel auf dem Ball zu liegen kommen. Die Finger sollten leicht nach innen zeigen, Schultern und Handgelenke auf einer Linie sein.

Bewegungsablauf

1. Den Rumpf still halten, Arme beugen, sodass die Ellbogen nach außen weisen und Sie Ihre Brettstellung beibehalten.
2. Arme wieder strecken.

Bewegungsablauf: Beinschläge

1. Wenn Sie eine Liegstütze ausgeführt haben, die Unterarme auf den Boden legen und die Beine Richtung Decke heben. Beine auf etwas mehr als hüftbreiten Abstand öffnen.
2. Beine mit kleinen, schnellen Schlägen öffnen und schließen.
3. Beine zusammenbringen und absenken, bis Sie waagerecht auf dem Ball liegen.
4. Arme strecken und damit nach hinten gehen, bis Ihr Rumpf wieder auf dem Ball liegt.

Wiederholungen 10 Liegestütze ausführen.
100 kleine Beinschläge machen.

Atmung Beim Beugen der Arme einatmen.
Beim Strecken der Arme ausatmen.
Während der Beinschläge 2-mal ein- und ausatmen.
Zur Erhöhung der Lunge 5 Schläge ein- und 5 Schläge ausatmen.

Ziel Sie sollten spüren, wie die Muskeln der Körpermitte bei einem so intensiven Trainingsgrad Arme und Beine entlasten.

Powerübung Körpermitte Mit den Armen nach vorne gehen und nur ein Bein auf dem Ball ruhen lassen. Einen Arm auf den Rücken legen und einhändige Liegestütze ausführen.

Drehung mit Armzügen

Wirkung Drehungen des Rückgrats und die Dehnung der Rückenmuskeln korrigieren Fehlhaltungen. Dehnen Sie die unbeweglichere Seite zuerst.

Ausgangsposition Mit gestreckten Beinen hinsetzen. Hände in die äußeren Taschen des Pilatesbandes stecken, Beine zu einem weiten V öffnen.

Bewegungsablauf

1. Band auf Brusthöhe anheben.
2. Fußspitzen strecken und den Körper zu einer Seite drehen. Beide Hüften auf der Matte verankert, Arme gestreckt und Band gespannt lassen.
3. Band zur Brust ziehen, Ellbogen dabei auf Schulterhöhe lassen.
4. Arme auf Brusthöhe wieder strecken.

Wiederholungen 5-mal zu einer Seite, dann zur Mitte drehen, 5-mal zur anderen Seite ausführen. Die ganze Folge wiederholen.

Atmung Mit 2 vollen Atemzügen Rumpf drehen. Einatmen, wenn Sie das Band zur Brust ziehen. Ausatmen, wenn Sie die Arme strecken.
Mit 2 vollen Atemzügen Oberkörper wieder zur Mitte drehen.

Ziel Mit langer Wirbelsäule aufrecht sitzen. Beide Hüften auf die Matte gedrückt und Bauchmuskeln angespannt halten. Die Schultern bleiben unten, der Kopf dreht sich mit dem Rumpf.

Variation Bei Verkrampfungen der Muskeln auf der Oberschenkelrückseite ein Knie beugen und zum gestreckten Bein hin dehnen.

Powerübung Körpermitte Nach den Armzügen mit beiden Armen noch einseitige Armzüge abwechselnd mit dem vorderen und dem hinteren Arm durchführen.

Hüftkreisen

Wirkung Diese Übung testet die Kontrolle und Koordination von Bauchmuskeln und Körpermitte. Spannen Sie alle Muskeln in Ihrer Mitte an und behalten Sie während des Kreisens Ihre Ausrichtung bei.

Ausgangsposition Auf die Matte setzen, Arme hinter dem Körper mit den Handflächen abstützen. Knie zur Brust ziehen, dann beide Beine zur Decke strecken. Zehen, Knöchel und Knie dabei zusammenhalten.

Bewegungsablauf

1. Die Beine im Uhrzeigersinn Richtung Matte kreisen lassen, ohne diese dabei zu berühren. Knie und Knöchel Ihrer gestreckten Beine berühren sich. 5 Kreise beschreiben.
2. Beine zur anderen Rumpfseite kreisen lassen und sie dabei so hoch wie möglich bringen. 5 Kreise beschreiben.

Wiederholungen 1 Satz Kreise im Uhrzeigersinn, einen weiteren gegen den Uhrzeigersinn ausführen.

Atmung Beim Kreisen Richtung Boden einatmen, beim Aufwärtskreisen ausatmen.

Ziel Lassen Sie sich nicht auf die Hände sinken. Lassen Sie die Schultern nicht hängen. Die Brust sollte während des Kreisens erhoben, die Arme gestreckt bleiben. Die Ausrichtung der Mitte mit angespannten Bauchmuskeln und stabilem Rumpf beibehalten.

Variation Statt die Übung mit gestreckten Armen auszuführen können Sie sich auf die Unterarme stützen. Beschreiben Sie sehr kleine Kreise. Beenden Sie die Übung, wenn Sie die Bewegung nicht mehr kontrollieren können. Die Beine niemals mit gekrümmtem Rücken aufwärts schwingen.

The Bridge

Wirkung Mithilfe einer stabilen Körpermitte ausgeführt kräftigt »Die Brücke« Ihre Beine und Pomuskeln.

Ausgangsposition Mit aufgestellten Beinen auf den Rücken legen, Zehen, Knöchel und Knie geschlossen. Hände so in das Pilatesband stecken, dass die Arme etwas mehr als schulterbreit voneinander entfernt sind. Arme über dem Kopf auf den Boden legen.

Bewegungsablauf

1. Rückgrat langsam Wirbel für Wirbel von der Matte hochrollen. Becken so weit nach oben nehmen, dass Ihr Körper von den Schultern über die Hüften bis zu den Knien eine gerade Linie bildet.
2. Arme zur Decke strecken und dann zu den Oberschenkeln führen. Dabei immer gestreckt halten.
3. Arme wieder zur Decke strecken und hinter dem Kopf ablegen.
4. Ein Bein ausstrecken und zur Decke heben.
5. Bein absenken, bis es auf gleicher Höhe mit dem anderen Knie ist. Dabei immer gestreckt halten.
6. Arme zur Decke strecken und dann zu den Oberschenkeln führen.
7. Arme wieder zur Decke strecken und hinter dem Kopf ablegen.
8. Knie wieder beugen, Fuß abstellen. Beine sind geschlossen.
9. Übung ab Schritt 4 mit dem anderen Bein wiederholen.
10. Knie wieder beugen, Fuß abstellen. Beine sind geschlossen.
11. Rückgrat wieder Wirbel für Wirbel auf die Matte abrollen.

Wiederholungen Übungsfolge 3-mal wiederholen.

Atmung Beim Hochrollen einmal ein- und ausatmen.
Einatmen, wenn Sie die Arme zur Decke heben. Ausatmen, wenn Sie sie zu den Oberschenkeln oder über dem Kopf zum Boden führen.
Während 2 vollen Atemzügen das Rückgrat wieder abrollen.

Ziel ist eine stabile Körpermitte, mit vollem Ausschöpfen des Bewegungsradius der Schultern. Hüften nicht bewegen, Beine nicht mit Schwung hochwerfen.

The Boomerang

Wirkung Der »Bumerang« aktiviert alle Körperbereiche. Das Beinkreuzen verändert die Hüftstellung und gleicht Unterschiede aus.

Ausgangsposition Auf den Rücken legen, Arme seitlich, Handflächen nach unten. Ein Bein über das andere kreuzen.

Bewegungsablauf

1. Beine überkreuzt zur Decke strecken.
2. Beine hinter den Kopf bringen und so weit nach hinten dehnen, bis sie parallel zum Boden stehen.
3. Beine auseinander nehmen und zu einem V öffnen, bis die Füße schulterbreiten Abstand haben.
4. Beine wieder überkreuzen, sodass das andere Bein oben liegt.
5. Rückgrat wieder auf der Matte abrollen.
6. Oberkörper Richtung Beine hochrollen, die Beine dabei in eine Diagonale zum Boden bringen. Arme Richtung Zehen strecken.
7. Mit den Armen nach hinten kreisen und die Finger ineinander verschränken.
8. Mit kontrollierter Körpermitte langsam die überkreuzten Beine gestreckt Richtung Boden senken, den Rumpf zu den Beinen und die Arme nach hinten Richtung Decke dehnen.
9. Hände auseinander nehmen und zu den Zehen kreisen lassen.
10. Oberkörper wieder in die Sitzposition hochrollen.

Wiederholungen Übungsfolge 5-mal ausführen.

Atmung Beim Heben der Beine einatmen.
Beim Hochrollen ausatmen.
Mit einem schnellen Atemzug Beine ent- und wieder überkreuzen.
Während 2 Atemzügen abrollen und zum Sitzen hochkommen.
Während eines vollen Atemzugs Arme hinter den Rücken kreisen.
Während 3 Atemzügen Beine senken und Arme nach hinten dehnen.
3-mal voll durchatmen, während Sie wieder zum Sitzen kommen.

Ziel ist Kontrolle und Präzision der Bewegung. Bauchmuskeln immer nach innen gewölbt halten, nicht mit Schwung arbeiten.

Beinschwingen im Knien

Wirkung Diese Übung verlangt Balance, Kraft und Beweglichkeit. Durch die Verwendung des Pilatesbandes wird sie noch anspruchsvoller.

Ausgangsposition Mit den Beinen in hüftbreitem Abstand auf die Matte knien. Hände in die äußeren Taschen des Bands stecken. Zu einer Seite dehnen und die Hand auf den Boden legen. Den anderen Arm über dem Kopf nach oben dehnen, sodass das Band in einer vertikalen Linie gespannt ist. Das Bein auf der Gegenseite ausstrecken und die innere Fußkante auf den Boden legen.

Bewegungsablauf

1. Bein auf Hüfthöhe parallel zum Boden anheben.
2. Bein vor den Körper schwingen, ohne Hüften oder Schultern zu bewegen. Schwingen Sie nur so weit wie Sie können, ohne dass das Bein schwankt oder das Band sich bewegt.
3. Bein über die Seite nach hinten schwingen. Dabei immer in Hüfthöhe parallel zum Boden halten.

Wiederholungen Bewegung 5-mal ausführen, dann mit dem anderen Bein dasselbe.

Atmung Einatmen, wenn Sie das Bein nach vorne schwingen.

Ausatmen, wenn Sie es nach hinten schwingen.

Ziel ist es, das Bein beim Schwung nach vorne, auf die Seite und nach hinten immer auf gleicher Höhe zu halten. Das Band muss immer gespannt bleiben und darf sich nicht bewegen. Schultern und Hüften korrekt ausrichten und während der ganzen Übung stabil halten. Nicht auf den Stützarm lehnen. Die Linie von der Schulter bis zur Hand auf dem Boden muss gerade bleiben. Die schrägen Muskeln stützen den Rumpf. Der Kopf sollte sich in einer Linie mit dem Rückgrat befinden und Sie blicken geradeaus nach

vorne, nicht zur Decke oder zum Boden, damit der Nacken ausgerichtet bleibt.

Variation Halten Sie den Bewegungsradius klein, damit die Bewegung kontrolliert bleibt. Konzentrieren Sie sich auf Haltung und Ausrichtung, nicht darauf, wie weit Sie Ihr Bein schwingen können.

Powerübung Körpermitte Wenn Sie die Side-Kicks-Serie (siehe S. 63-64) in dieser Position durchführen, ergibt sich eine besonders anspruchsvolle Übung.

Hüft-Twist

Wirkung Diese Übung formt Bauch und Taillenlinie und dehnt das Rückgrat. Der Oberkörper wird gekräftigt, die Balance verbessert.

Ausgangsposition Hände in die äußeren Taschen des Pilatesbandes stecken. Hinsetzen, Knie auf einer Körperseite anziehen. Den oberen Fuß über den unteren kreuzen. Die Hand der Gegenseite bei gestrecktem Arm seitlich auf den Boden legen.

Bewegungsablauf

1 Beine ausstrecken, Hüften anheben. Oberen Arm über den Kopf heben, sodass das Band eine senkrechte Linie bildet.

2 Rücken nicht durchdrücken, Bauchmuskeln anspannen. Obere Hüfte dabei zur Matte drehen, oberen Arm mit gespanntem Band unter den Körper schwenken.

3 Hüften wieder in Normalstellung bringen, Arm heben, sodass das Band wieder eine senkrechte Linie bildet.

4 Brust zur Decke hin drehen und öffnen, Arm nach hinten strecken. Ihr Blick folgt dabei dem gespannten Band.

5 In Normalstellung zurückdrehen. Bewegungsmuster 3-mal wiederholen.

6 Hüften absenken, Knie beugen und wieder auf die Matte setzen.

Wiederholungen Bewegungsmuster 1-mal zu jeder Seite ausführen.

Atmung Beim Strecken der Beine und Heben der Hüfte einatmen.
Beim Hüftdrehen und Schwingen des Bands zum Boden ausatmen.
Beim Zurückdrehen einatmen.
Beim Drehen zur Decke und Öffnen der Brust ausatmen.
Beim Zurückdrehen einatmen.
Beim Absenken der Hüften ausatmen.

Ziel Darauf achten, dass die Drehung von den Hüften und nicht von Beinen und Füßen ausgeht. Der Blick folgt dem oberen Arm.

Variation Übung im Knien auf einem Knie ausführen. Das andere Bein seitlich ausstrecken, Fuß auf den Boden legen.

Beinheben im Knien mit Armstrecken

Wirkung Bei der Fitness aus der Körpermitte spielen Koordination und Balance eine große Rolle. Ihr Kraftsystem muss eine Einheit und zentriert sein, damit Bewegungsenergie fließen kann. Diese Übung trainiert harmonische Bewegungsabläufe.

Ausgangsposition Mit Gewichten in den Händen in den Vierfüßlerstand gehen. Die Linien zwischen Schultern und Händen bzw. Hüften und Knien sollten gerade sein.

Bewegungsablauf

1. Ein Bein mit dem Fuß am Boden nach hinten dehnen, den Gegenarm mit der Hand am Boden nach vorne strecken.
2. Das ausgestreckte Bein und den ausgestreckten Arm mit der Handfläche nach unten auf Hüft- bzw. Schulterhöhe heben.
3. Bein und Arm wieder zum Boden senken.
4. Bein und Arm 5-mal heben und senken.
5. Bein wieder heben und im Kniegelenk zu einem rechten Winkel beugen. Handfläche nach oben drehen und auch den Arm im Ellbogengelenk zum rechten Winkel beugen. Oberschenkel und Oberarm bleiben dabei parallel zum Boden.
6. Bein und Arm 5-mal beugen und strecken.
7. Bein und Arm jeweils zum anderen Bein und Arm auf den Boden stellen. Hüften dabei auf einer Höhe halten und nach hinten auf die Fersen setzen. Den Gegenarm dabei gestreckt halten, mit dem Gewicht auf dem Boden.
8. Wieder in den Vierfüßlerstand gehen.
9. Diese Bewegung 5-mal ausführen.

Wiederholungen Die Übungsfolge 2-mal durchführen, Seiten dabei wechseln.

Atmung Beim Heben der Gewichte ausatmen.

Beim Senken der Gewichte einatmen.

Beim Beugen von Bein und Arm ausatmen.

Beim Strecken von Bein und Arm einatmen.

Beim Setzen auf die Fersen ausatmen.

Beim Hochkommen einatmen.

Ziel ist, Hüften und Schultern in Balance zu halten. Die Ausrichtung der Körpermitte nicht vernachlässigen. Die vier Punkte von Schultern und Hüften müssen auf gleicher Höhe bleiben. Nicht auf eine Seite lehnen.

Variation Das gesamte Übungsmuster ohne Gewichte durchführen.

Powerübung Körpermitte Erhöhen Sie die Geschwindigkeit und beugen Sie den Arm mit raschen, präzisen Bewegungen. Wechseln Sie schnell von den Armbewegungen zum Sitzen auf den Fersen. Arbeiten Sie sich flüssig durch die ganze Übungsfolge und halten Sie dabei die Körpermitte immer in Form.

Washerwoman im Knien

Wirkung Die »Waschfrau« im Knien ausgeführt trainiert den oberen Rücken, Brust und Arme. Auch bei dieser Übung geht es wieder um die Entwicklung einer stabilen Körpermitte.

Ausgangsposition Mit den Gewichten in den Händen auf die Matte knien. Den Rücken runden und den Oberkörper über einen imaginären großen Ball nach vorne beugen, bis die Gewichte auf dem Boden liegen. Dabei nicht zurücklehnen oder die Schultern hochziehen.

Bewegungsablauf

1. Rundung beibehalten und Gewichte mit gestreckten Armen einige Zentimeter vom Boden abheben.
2. Gewichte wieder zu Boden senken, das Anheben 5-mal wiederholen.
3. Wieder einige Zentimeter hochgehen. Arme beugen und Gewichte zur Brust ziehen. Die Ellbogen zeigen dabei nach außen.
4. Arme wieder senken und das Armheben 5-mal wiederholen.
5. Handflächen nach innen drehen. Arme beugen und Ellbogen nach hinten auf Schulterhöhe bringen.
6. Arme nach hinten ausstrecken.
7. Arme wieder beugen und Bewegung 5-mal wiederholen.
8. Arme wieder senken und Oberkörper hochrollen.

Wiederholungen Übungsfolge 1-mal ausführen.

Atmung Ausatmen, wenn Sie die Gewichte vom Boden hochheben.
Einatmen, wenn Sie die Gewichte absenken.
Ausatmen, wenn Sie die Arme beugen und die Gewichte zur Brust bringen.

Einatmen, wenn Sie die Arme wieder senken.
Ausatmen, wenn Sie die Arme hinter den Körper strecken.
Einatmen, wenn Sie die Arme beugen.
Mit einem vollen Atemzug wieder hochrollen.

Ziel Wenn Sie Ihre Muskeln nach den Prinzipien von Überlastung und Spezifität (siehe S. 20) trainieren und gleichzeitig die Ausrichtung der Körpermitte beibehalten, werden Sie Ihre Ziele schneller erreichen, ohne sich zu überanstrengen. Arbeiten Sie langsam und atmen Sie bewusst und tief, um Muskelverspannungen zu vermeiden. Schultern unten halten und Nackenmuskeln nicht verspannen. Die Ausrichtung der Körpermitte ist der Schlüssel zur korrekten Ausführung dieser Übung. Wenn Sie die Bauchmuskeln lockern, wird der untere Rücken zu sehr belastet.

Variation Übungsfolge, wenn nötig, ohne Gewichte durchführen.

Powerübung Körpermitte Wenn Sie 2 Übungsfolgen mühelos absolvieren können, ist es Zeit für schwerere Gewichte.

Mermaid im Knien mit Brustöffnung

Wirkung Die »Meerjungfrau« im Knien tonisiert die schräge Bauchmuskulatur, fördert die Stabilität der Körpermitte bei Drehbewegungen und macht Ihr Rückgrat beweglicher.

Ausgangsposition Auf die Matte knien, Gewichte in den Händen halten. Ein Bein seitlich vom Körper wegstrecken. Die Arme auf Schulterhöhe zur Seite strecken.

Bewegungsablauf: Mermaid im Knien

1. Den Oberkörper zum ausgestreckten Bein hin dehnen, Hand Richtung Fuß führen.
2. Oberkörper wieder aufrichten.
3. Arme weiter auf Schulterhöhe ausgestreckt halten und vom ausgestreckten Bein weg in Richtung des Bodens auf der anderen Seite dehnen.
4. Wieder aufrichten und Bewegungsmuster 5-mal wiederholen.

Bewegungsablauf: Brustöffnung

1. Hand neben das gebeugte Knie legen.
2. Anderen Arm zur Decke strecken.
3. Die Hand des oberen Arms zur anderen Hand führen. Rumpf dabei zum Boden drehen.
4. Arm zur Decke strecken, Brust öffnen und den Rumpf nach hinten drehen.
5. Oberen Arm wieder nach unten bringen und Bewegungsmuster 5-mal wiederholen.

Wiederholungen Übungsfolge zu jeder Seite 1-mal ausführen.

Atmung: Mermaid im Knien

Beim Dehnen des Rumpfs Richtung Bein einatmen.
Beim Hochkommen ausatmen.
Beim Dehnen des Rumpfs zur anderen Seite einatmen.
Beim Hochkommen ausatmen.

Atmung: Brustöffnung

Beim Heben des Arms zur Decke einatmen.

Beim Drehen des Rumpfs zum Boden ausatmen.

Beim Öffnen der Brust einatmen.

Beim Senken des Arms ausatmen.

Ziel Die Schultern dürfen nicht nach vorne sinken, wenn Sie sich zur Seite dehnen, sondern müssen genau über den Hüften bleiben. Bei der Drehung den Arm nicht absinken lassen, sondern nahe am Ohr halten, damit der Oberkörper optimal trainiert wird. Aus der Körpermitte arbeiten und den Oberkörper drehen, bevor Sie den Arm heben. Der Arm sollte der Bewegung folgen, statt sie anzuführen, da sonst die tiefen Körpermitte-Muskeln nicht an der Drehung beteiligt sind.

Variation Übung ohne Gewichte ausführen und bewusst die Muskeln in der Körpermitte spüren.

Fersensitz

Wirkung Eine wunderbare Übung zur Kräftigung der Schulter- und Armmuskeln.

Ausgangsposition Auf die Matte knien und auf die Fersen setzen. Gewichte in der Hand halten und Arme seitlich hängen lassen. Die Schultern müssen sich direkt über den Hüften befinden.

Bewegungsablauf

1. Arme vor dem Körper auf Brusthöhe heben.
2. Arme zur Brust beugen und gleichzeitig den Oberkörper zum Knien hochbringen.
3. Wieder auf die Fersen setzen, Arme nach vorne strecken.
4. Bewegung 5-mal wiederholen.
5. Oberkörper wieder zum Knien hochbringen, Arme zur Brust ziehen.
6. Arme 10-mal strecken und wieder zur Brust ziehen.
7. Auf die Fersen setzen, Arme nach vorne strecken.
8. Arme senken.

Wiederholungen Bewegungsmuster 1-mal ausführen.

Atmung Beim Heben der Arme auf Brusthöhe einatmen.
Beim Beugen der Arme zur Brust ausatmen.
Beim Setzen auf die Fersen einatmen.
Beim Hochgehen zum Knien ausatmen.
Beim Strecken der Arme einatmen.
Beim Beugen der Arme zur Brust ausatmen.
Beim Setzen auf die Fersen einatmen.
Beim Senken der Arme ausatmen.

Ziel Halten Sie Ihren Rumpf aufrecht. Beim Hochkommen und Zurücksetzen nicht nach vorne lehnen. Die Armbewegungen müssen aus der Körpermitte kommen. Schultern ausgerichtet halten.

Variation Auf den Fersen sitzen bleiben und nur mit den Arm- und Brustmuskeln arbeiten.

Brücke auf dem Ball

Wirkung Die Übung stärkt die Muskeln an Bauch, Hüften und Oberschenkeln und wirkt ausgleichend auf die Organe. Sie ist anspruchsvoll und nichts für Zaghafte. Sind Sie aber damit vertraut, werden Sie den positiven Effekt bald spüren.

Ausgangsposition Über den Fitnessball legen, Hände und Füße auf den Boden stellen.

Bewegungsablauf

1. Beine auf Hüfthöhe anheben. Mit den Händen vorlaufen, bis der Ball sich unter den Füßen befindet und Ihr Körper ein gerades »Brett« bildet.
2. Hüften und Knie beugen und den Ball unter den Körper ziehen, bis Sie auf den Fersen sitzen.
3. Beine wieder zur Geraden strecken.

Wiederholungen Übung 10-mal wiederholen.

Atmung Beim Vorlaufen auf den Händen einatmen. Beim Setzen auf die Fersen ausatmen. Beim Strecken der Beine einatmen.

Ziel ist ein perfekt gerades »Brett«. Die Ausrichtung der Körpermitte in der ganz gestreckten Position beizubehalten, ist schwierig. Der Impuls zum Beugen muss von den unteren Bauchmuskeln kommen, nicht aus den Beinen. In der Brettposition nicht die Hüften lockerlassen oder den Rücken krümmen. Die Arme gestreckt lassen, Hände direkt unter den Schultern. Nicht auf die Arme lehnen, die Körpermitte trägt Ihr Gewicht. Tief ausatmen, wenn Sie den Ball unter sich rollen und so die Bauchmuskeln aktivieren.

Powerübung Körpermitte Bewegung umkehren und nach hinten dehnen, bis die Arme ausgestreckt am Boden liegen. Abwechselnd nach vorne und hinten rollen.

Rudern mit Gewichten

Wirkung Zum positiven Effekt auf die Muskeln im oberen Rücken, der Brust und den Armen kommt die Stabilisierung der Körpermitte-Muskeln hinzu.

Ausgangsposition Mit ausgestreckten Beinen auf die Matte setzen. Gewichte halten, Handflächen zeigen nach unten. Ellbogen beugen und seitlich zur Taille bringen. Gerade mit langem Rückgrat sitzen.

Bewegungsablauf

1. Arme in einer Diagonalen nach vorne strecken. Die Hände sollten etwas über Augenhöhe sein.
2. Arme seitlich der Beine zu Boden senken.
3. Arme dicht an den Ohren halten und zur Decke strecken.
4. Arme in Kreisbewegung nach außen führen, auf Schulterhöhe seitlich wegstrecken. Handflächen nach unten.
5. Arme beugen und die Gewichte zur Taille bringen.

Wiederholungen Übungsfolge 5-mal ausführen.

Atmung Beim Strecken der Arme zur Diagonalen einatmen.
Beim Senken der Arme ausatmen.
Beim Strecken zur Decke einatmen.
Beim Kreisen nach außen und Beugen ausatmen.

Ziel Schultern unten und nach hinten gezogen halten. Schultern stabil halten und mit geschmeidigen Bewegungen arbeiten. Das vergrößert den Bewegungsradius. Körper nicht in die Hüften sinken lassen. Kopf in einer Linie mit dem Rückgrat halten und wie vor einer Wand ganz gerade sitzen.

Variation Bewegung ohne Gewichte ausführen. Den Bewegungsradius der Arme dabei voll ausschöpfen, ohne den Rumpf zu bewegen.

Dehnung über den Fitnessball

Wirkung Diese vielseitige Übung trainiert alle schrägen und geraden Bauchmuskeln und die Rückenmuskeln auf einmal.

Ausgangsposition Links neben den Ball stellen. Knie beugen und die rechte Hüfte und Taillenseite in den Ball drücken. Linken Fuß vor den rechten stellen. Rechten Arm gebeugt auf den Ball legen, linken Arm in Schulterhöhe ausstrecken.

Bewegungsablauf

1. Körper lang dehnen, Beine dabei ausstrecken. Rechte Hand auf den Boden legen und den linken Arm zur Decke strecken.
2. Knie wieder beugen und zum Lösen der Dehnung Arm wieder vom Boden nehmen.

Wiederholungen 5-mal auf jeder Seite wiederholen.

Atmung Beim Dehnen über den Ball einatmen.
Beim Beugen der Knie ausatmen.

Ziel ist, Hüften und Schultern beim Dehnen ausgerichtet zu lassen. Weder Hüften noch Schultern dürfen nach hinten oder vorne kippen.

Variation Das untere Bein gebeugt am Boden liegen lassen und nur das obere strecken. Rumpf über den Ball dehnen und Körper nach oben heben.

Arme darbieten, salutieren und den Kopf rasieren

Wirkung Starke Arme und ein kräftiger Oberkörper machen Alltagsaktivitäten leichter. Diese sehr wirkungsvolle Folge aus drei Übungen bewirkt eine Kraftbalance der Muskelgruppen in Ihren Armen. Durch das Sitzen auf dem Fitnessball werden die Muskeln der Körpermitte optimal angesprochen, aber natürlich können die Übungen auch ohne Ball durchgeführt werden.

Ausgangsposition Auf den Fitnessball setzen, Gewichte in den Händen. Füße in hüftbreitem Abstand auf den Boden stellen. Ellbogen beugen und seitlich zur Taille nehmen, die Handflächen zeigen nach oben. Aufrecht mit geradem Rückgrat sitzen, die Muskeln der Körpermitte müssen aktiviert sein. Wenn Sie keinen Ball haben, können Sie sich auf den Boden setzen und mit nach vorne ausgestreckten Beinen üben.

Bewegungsablauf: Arme darbieten

1. Arme vor dem Körper in einer Diagonalen zur Blickrichtung ausstrecken, Handflächen zeigen weiterhin nach oben.
2. Ellbogen beugen und zur Taille bringen. Übung 5-mal wiederholen.

Bewegungsablauf: Salutieren

1. Arme vor dem Körper in einer Diagonalen zur Blickrichtung ausstrecken, Handflächen zeigen nach unten.
2. Arme beugen und Hände zu den Augenbrauen bringen, wie beim Salutieren. Bewegung 5-mal ausführen.

Bewegungsablauf: Den Kopf rasieren

1. Mit dem Rumpf nach vorne kippen, Rücken dabei ganz gerade halten. Arme hochstrecken, sodass die Ellbogen bei den Ohren sind.

2 Arme beugen und dabei die Hände hinter den Kopf bringen. Bewegungsmuster 5-mal wiederholen.

Wiederholungen Die gesamte Übungsfolge 2-mal wiederholen.

Atmung In allen drei Übungen beim Strecken der Arme einatmen.

Beim Beugen der Arme wieder ausatmen.

Ziel ist eine stabile Körpermitte und ein großer Bewegungsradius der Arme. Halten Sie Hüften und Schultern in Balance und kippen Sie nur so weit nach vorne, dass Sie die Ausrichtung des Brustkorbs aufrechterhalten können.

Variation Verringern Sie die Anzahl der Wiederholungen bei jeder einzelnen Übung, aber führen Sie alle drei Übungen aus.

Der Pflug

Halasana

Wirkung Diese Ganzkörper-Dehnung hat stets das gleiche Ziel: Kraft und Beweglichkeit im ganzen Körper.

Ausgangsposition Auf die Matte legen, Arme seitlich des Körpers, Handflächen zeigen nach unten.

Bewegungsablauf

1. Knie Richtung Brust beugen und Beine senkrecht über den Hüften zur Decke strecken.
2. Beine über den Kopf dehnen, dabei das Rückgrat Wirbel für Wirbel vom Boden hochrollen.
3. Nach hinten dehnen, bis die Beine parallel zum Boden und die Hüften über den Schultern sind. Wenn nötig, stützen die Hände den Rücken.
4. Füße auf den Boden absenken.
5. Rückgrat langsam Wirbel für Wirbel auf den Boden abrollen.

Wiederholungen 3-mal in die Pflug-Stellung gehen.

Atmung Beim Zurückrollen einen vollen Atemzug ausführen. Beim Abstellen der Füße 1-mal ein- und ausatmen. Stellung 3 volle Atemzüge lang halten. Mit 3 langen Atemzügen abrollen.

Ziel ist die intensive Dehnung aus der Körpermitte. Das Gewicht auf Schultern und Armen belassen. Bewegung zur Entlastung des Rückens aus der Mitte kontrollieren.

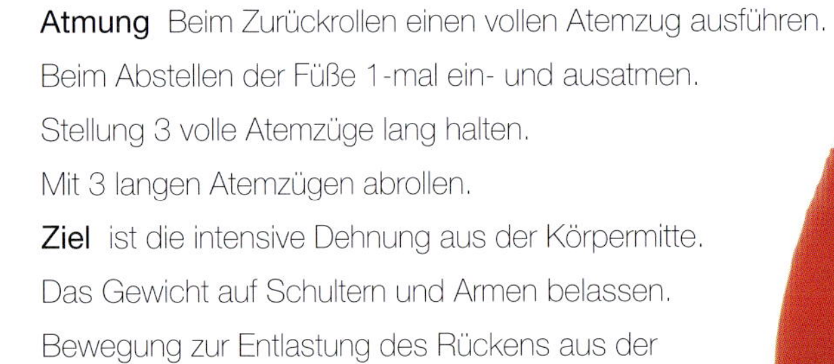

Schulterstand

Sarvangasana

Wirkung Diese anspruchsvolle Stellung kräftigt Herz, Lunge und Kreislauf. Für Schwangere ist sie nicht geeignet.

Ausgangsposition Mit gestreckten Beinen auf den Rücken legen, Arme seitlich des Körpers, Handflächen zeigen nach unten.

Bewegungsablauf

1. Knie zur Brust hin beugen und in Pflug-Stellung gehen (siehe links).
2. Langsam Beine zur Decke heben. Dabei von den Schultern über die Hüften bis zu den Zehen dehnen. Wenn nötig, den Rücken mit den Händen stützen.
3. Beine wieder über den Kopf dehnen, Füße abstellen.
4. Rückgrat Wirbel für Wirbel auf der Matte abrollen.

Wiederholungen 3-mal in den Schulterstand gehen.

Atmung Beim Beugen der Knie einatmen.
Beim Strecken der Beine ausatmen.
Beim Dehnen zum Pflug einen vollen Atemzug ausführen.
Beim Strecken der Beine zur Decke ein- und ausatmen.
Stellung 3 volle Atemzüge lang halten.
Beim Senken der Beine zum Boden ein- und ausatmen.
Mit 3 weiteren Atemzügen Rückgrat auf die Matte abrollen.

Ziel Ihr Körper soll bei der Dehnung von den Schultern bis zu den Zehen eine Gerade bilden. Nacken auf dem Boden lang machen und das Körpergewicht auf die Schultern stützen.

Der Sonnengruß

Wirkung Übungsfolgen ermöglichen dem Körper ausgewogene Muskelarbeit. Der Sonnengruß zeigt die Schönheit eines Körpers in Bewegungsharmonie.

Ausgangsposition Mit geschlossenen Beinen hinstellen, die Arme hängen seitlich herab. Körper ausrichten: Vom gut verankerten Stand der Füße über die Beine, die Körpermitte bis zum höchsten Punkt des Kopfes. Atmen Sie gut durch und zentrieren Sie sich, ehe Sie die Bewegung beginnen.

Bewegungsablauf

1 Arme über den Kopf heben.
2 Nach vorne zur Vorwärtsbeuge im Stehen rollen.
3 Knie beugen und linkes Bein zum Ausfallschritt nach hinten nehmen.
4 Rechtes Bein nach hinten führen, Brett-Position einnehmen.
5 Rumpf zur Liegestütz-Position absenken.
6 Füße hüftbreit auseinander nehmen. Oberkörper in einem Bogen nach oben dehnen.
7 Hüften zur Decke heben. Dabei mit gestreckten Armen nach hinten und die Fersen bei gestreckten Beinen in den Boden drücken. Auf die Verlängerung des Rückgrats konzentrieren.
8 Linken Fuß zum Ausfallschritt vorbringen.
9 Rechten Fuß nach vorne bringen und Beine strecken. Rumpf in einer Vorwärtsbeuge im Stehen dehnen.
10 Zum Stehen mit nach oben gestreckten Armen hochkommen und die Übungsfolge wieder von vorne beginnen.

Wiederholungen Übungsfolge 1- bis 2-mal durchführen.

Atmung Beim Hochstrecken der Arme einatmen.
Bei der Vorwärtsbeuge ausatmen. Einen vollen Atemzug lang dehnen.
Beim Ausfallschritt ausatmen. Einatmen und noch mehr dehnen.
Beim Einnehmen der Brettstellung ausatmen.
3 volle Atemzüge für die Dehnung zum Bogen und das Herunterkommen verwenden.
Beim Anheben des Beckens und Dehnen der Beine ausatmen.
Stellung 3 Atemzüge lang halten.
Beim Ausfallschritt ausatmen. Einatmen und noch mehr dehnen.
Beim Schließen der Beine ausatmen.
Bei der Vorwärtsbeuge einen vollen Atemzug ausführen.
Beim Hochkommen zum Stehen einatmen.
Zum Abschluss ausatmen und Arme wieder senken.

Ziel ist eine flüssige und präzise Bewegungsfolge. Bauchmuskeln eingezogen halten und die ganze Zeit bewusst und tief durchatmen.

1
2
3
4
5
6
7
8
9

Workout-Programme

10-MINUTEN-DEHNUNGSWORKOUT ▸

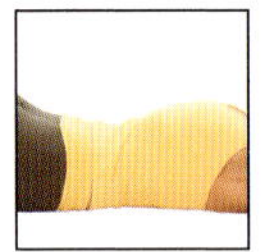

Imprint, S. 38 ▸

Beindehnung im Liegen, S. 46

Drehung im Liegen, S. 47

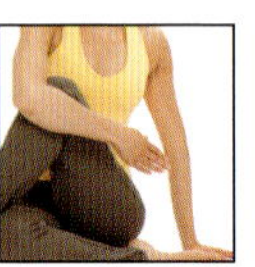

Herr der Fische, S. 45

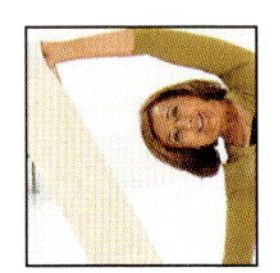

Seitwärtsdehnung im Knien, S. 94

Beckenheben mit Fitnessball, S. 108

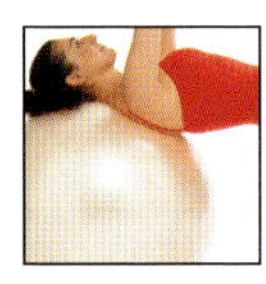

Imprint auf dem Fitnessball, S. 116

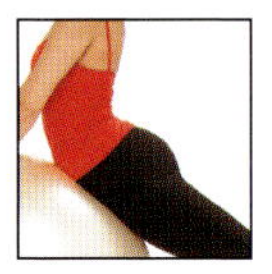

The Swan mit Fitnessball, S. 117

Drehung mit Armzügen, S. 122

Nacken- und Schulterdehnung, S. 80

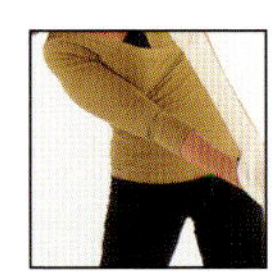

Seitwärtsbeuge mit Kreuzgriff, S. 83

Abrollen im Stehen, S. 84

10-MINUTEN-AUFBAUWORKOUT FÜR JEDEN TAG ▸

Rückendehnung mit Band, S. 43 ▸

The Hundred, S. 56

Beindehnung im Liegen, S. 46

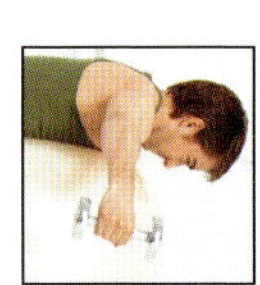

Deltamuskel-Fly, S. 100

Crunches mit Armstrecken, S. 102

Fersensitz, S. 138

Washerwoman im Knien, S. 134

Side-Kicks-Serie, S. 63

The Bridge, S. 125

Der Baum, S. 73

Seitwärtsbeuge im Stehen, S. 78

Vorwärtsbeuge im Stehen, S. 74

20-MINUTEN-WORKOUT ZUM DEHNEN UND KRÄFTIGEN ▶

Weitung des Brustkorbs, S. 36 ▶

Schusterhaltung, S. 44

Rolling Like A Ball, S. 58

Single Leg Stretch, S. 60

Double Leg Stretch, S. 61

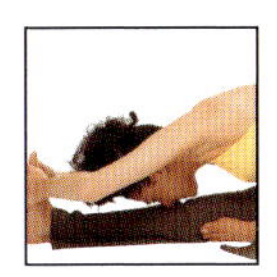
Kopf-zu-Knie-Stellung, S. 68

Drehung im Sitzen, S. 67

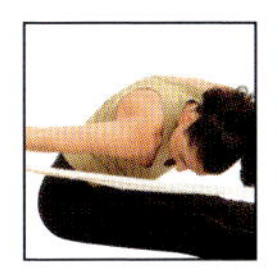
The Saw, S. 86

Open Leg Rocker, S. 87

Roll-over, S. 88

The Swan, S. 92

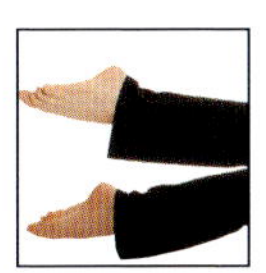
Swimming, S. 93

Beinheben in Brettposition, S. 110

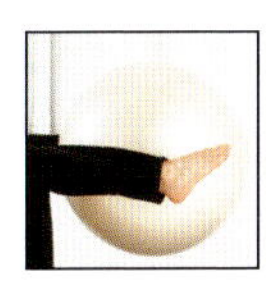
Beinstrecken, S. 113

Bein-Twist, S. 109

Drehung im Sitzen, S. 67

Hüftkreisen, S. 123

The Boomerang, S. 126

Mermaid im Knien, S. 136

Beinheben im Knien, S. 132

Ausfallschritt mit Bizepsbeugen, S. 50

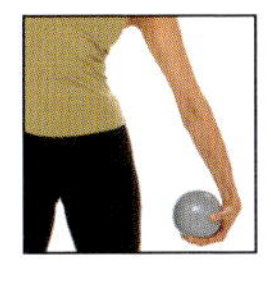
Seitbeugen und Seitheben, S. 99

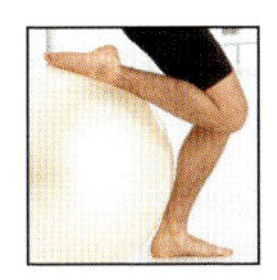
Quadrizepsbeugung u. -dehnung, S. 52

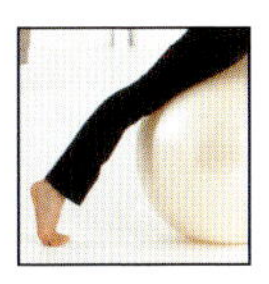
Dehnung von Hüften und Beinen, S. 54

Der Baum, S. 73

Vorwärtsbeuge im Stehen, S. 74

Dreieck 1, S. 76

Der Berg, S. 72

20-MINUTEN-WORKOUT AUF DER MATTE ▶

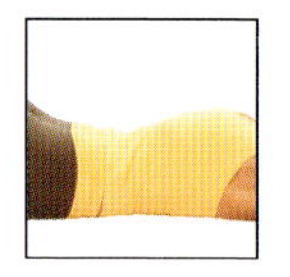
Imprint, S. 38 ▶

Kleine Bein-kreise, S. 40

Große Bein-kreise, S. 41

Beindehnung im Liegen, S. 46

Drehung im Liegen, S. 47

The Hundred, S. 56

Rolling Like A Ball, S. 58

Single Leg Stretch, S. 60

Double Leg Stretch, S. 61

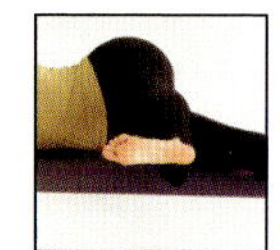
Side-Kicks-Serie, S. 63

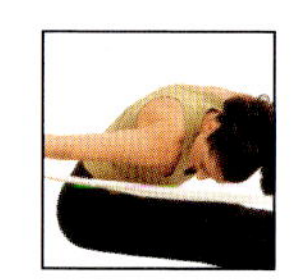
The Saw, S. 68

Open Leg Rocker, S. 87

Roll-over, S. 88

The Swan, S. 92

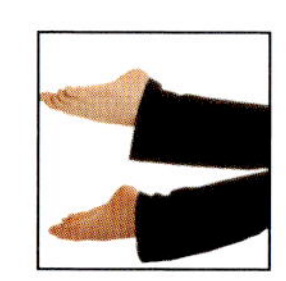
Swimming, S. 93

The Teaser, S. 90

Crunches mit Armstrecken, S. 102

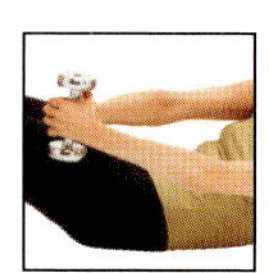
Diagonale Crunches, S. 104

Drehung im Sitzen, S. 67

Hüftkreisen, S. 123

Hüft-Twist, S. 130

Beinheben im Knien, S. 132

Washerwoman im Knien, S. 134

Mermaid im Knien, S. 136

Fersensitz, S. 138

Rudern mit Gewichten, S. 141

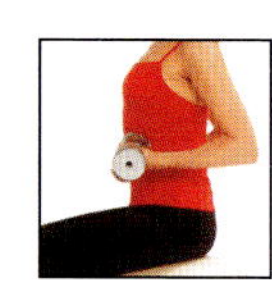
Arme darbie-ten, Salutieren, S. 144

Sonnengruß, S. 148

20-MINUTEN-WORKOUT »FIT UND GESCHMEIDIG« ▶

Schusterhaltung, S. 44 ▶

Herr der Fische, S. 45

Drehung im Liegen, S. 47

Beindehnung im Liegen, S. 46

Der Berg, S. 72

Der Baum, S. 73

Vorwärtsbeuge im Stehen, S. 74

Seitwärtsbeuge im Stehen, S. 78

Quadrizepsbeugung u. -dehnung, S. 52

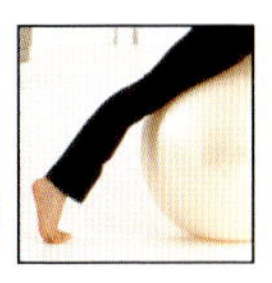
Dehnung von Hüften und Beinen, S. 54

Drehung im Sitzen, S. 67

Kopf-zu-Knie-Stellung, S. 68

Die Kobra, S. 106

Der Bogen, S. 107

Beckenheben mit Fitnessball, S. 108

Bein-Twist, S. 109

Beinheben in Brettposition, S. 110

Beinstrecken, S. 113

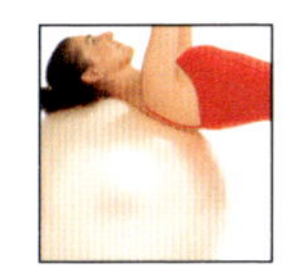
Imprint auf dem Fitnessball, S. 116

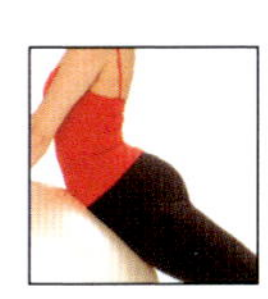
The Swan mit Fitnessball, S. 117

Rückgratdehnung u. -drehung, S. 118

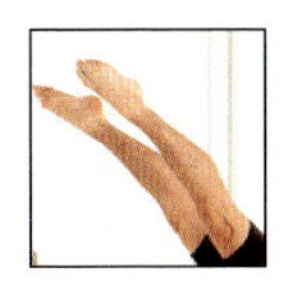
Liegestütze mit Beinschlägen, S. 120

The Boomerang, S. 126

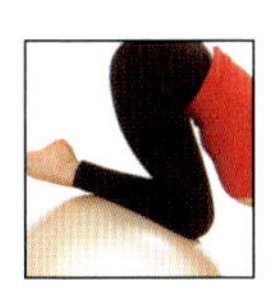
Brettbeugen, S. 140

Dehnung über den Fitnessball, S. 142

Der Pflug, S. 146

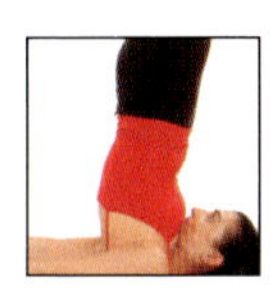
Schulterstand, S. 147

Sonnengruß, S. 148

60-MINUTEN-WORKOUT FÜR DEN GANZEN KÖRPER ▶

Weitung des Brustkorbs, S. 36 ▶

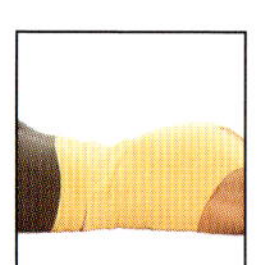
Imprint, S. 38

Kleine Beinkreise, S. 40

Große Beinkreise, S. 41

Rückendehnung mit Band, S. 43

Schusterhaltung, S. 44

Beindehnung im Liegen, S. 46

Drehung im Liegen, S. 47

Ausfallschritt mit Bizepsbeugen, S. 50

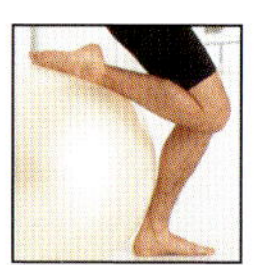
Quadrizepsbeugung und -dehnung, S. 52

Dehnung von Hüften und Beinen, S. 54

The Hundred, S. 56

Rolling Like A Ball, S. 58

Single Leg Stretch, S. 60

Double Leg Stretch, S. 61

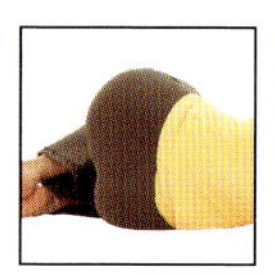
Drehung im Liegen, S. 66

Drehung im Sitzen, S. 67

Der Berg, S. 72

Der Baum, S. 73

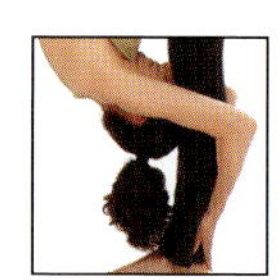
Vorwärtsbeuge im Stehen, S. 74

Dreieck 1, S. 76

Dreieck 2, S. 77

Seitwärtsbeuge im Stehen, S. 78

Nacken- und Schulterdehnung, S. 80

Seitwärtsbeuge mit Kreuzgriff, S. 83

Abrollen im Stehen, S. 84

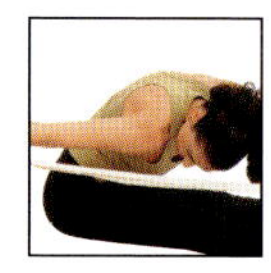
The Saw, S. 86

Open Leg Rocker, S. 87

Roll-over, S. 88

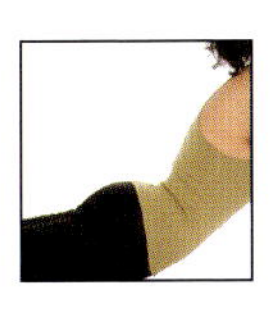

The Swan, S. 92

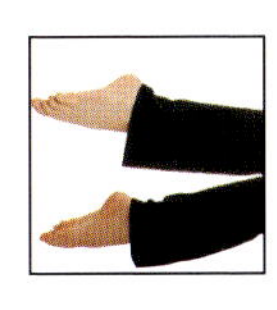

Swimming, S. 93

Seitwärtsdehnung im Knien, S. 94

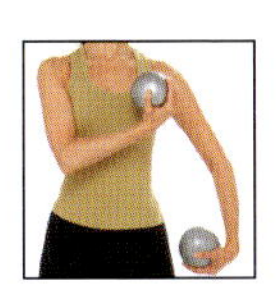

Seitbeugen im Stehen, S. 97

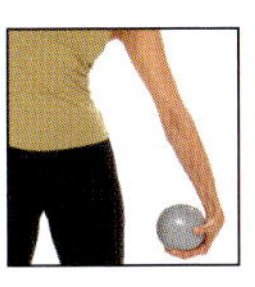

Seitbeugen und Seitheben, S. 99

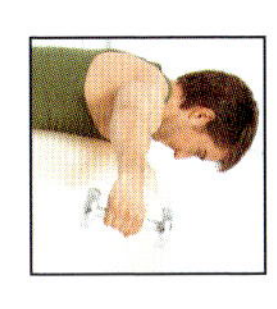

Deltamuskel-Fly, S. 100

Crunches mit Armstrecken, S. 102

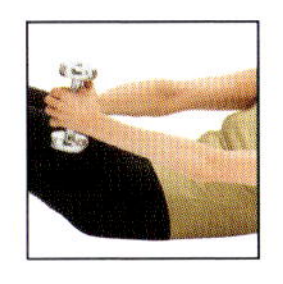

Diagonale Crunches, S. 104

Die Kobra, S. 106

Der Bogen, S. 107

Beckenheben mit Fitnessball, S. 108

Beinheben in Brettposition, S. 110

Drehung mit Armzügen, S. 122

Bein-Twist, S. 109

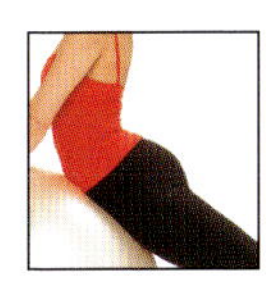

The Swan mit Fitnessball, S. 117

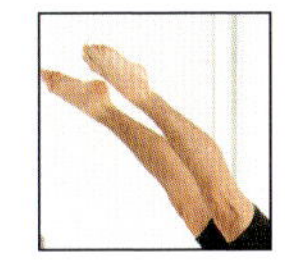

Liegestütze mit Beinschlägen, S. 120

Drehung mit Armzügen, S. 122

Hüftkreisen, S. 123

The Boomerang, S. 126

Beinschwingen im Knien, S. 128

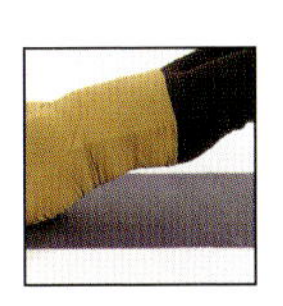

The Bridge, S. 125

Hüft-Twist, S. 130

Brettbeugen, S. 140

Dehnung über den Fitnessball, S. 142

Rudern mit Gewichten, S. 141

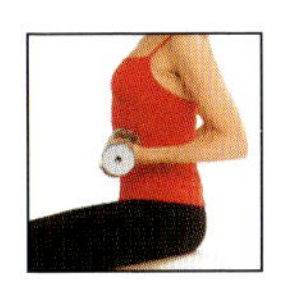

Arm darbieten, Salutieren, S. 144

Sonnengruß, S. 148

REGISTER